Bewegungskonzepte

Roll- und Gleitschule

Ein sportartübergreifendes Vermittlungskonzept

Dr. Christian Kröger, Simon Riedl

hofmann

Bibliografische Information der Deutschen Nationalbibliothek

Die Deutsche Nationalbibliothek verzeichnet diese Publikation in der Deutschen Nationalbibliografie; detaillierte bibliografische Daten sind im Internet über http://dnb.d-nb.de abrufbar.

Bestellnummer 0501

**Stadtbibliothek
Darmstadt**

© 2011 by Hofmann-Verlag, 73614 Schorndorf

Fotos: Andreas Knauss

Erschienen als Band 50
der PRAXISIDEEN – Schriftenreihe für Bewegung, Spiel und Sport.

Grafik, Layout und Satz: Hofmann-Verlag.

Druck und Verarbeitung: Druckerei Djurcic, 73614 Schorndorf
Printed in Germany · ISBN 978-3-7780-0501-9

INHALT

Kapitel

1

**Rollen und Gleiten
als Phänomen
menschlicher Entwicklung**

Um 150 000 v. Chr. tritt der erste Mensch, der Homo erectus in Afrika und auf der indonesischen Vulkaninsel Java auf. Im Vergleich zur restlichen Population zeichnet er sich durch sein lernfähiges und geschicktes Wesen aus. Er benutzt Werkzeuge und wandert als Nomade durch die Tropen der Alten Welt. Bei intensiverer Betrachtung seiner artspezifischen Besonderheiten können eben diese als Geburtsstunde von Bewegungshandlungen und Situationen angesehen werden, auf denen unser modernes sportliches Handeln basiert. Das lateinische Adjektiv *erectus* bedeutet aufgerichtet, gemeint ist damit die Körperhaltung des Menschen. Auch andere Tiere richten sich auf, jedoch immer nur als zeitlich begrenzte Drohgebärde. Der Homo erectus jedoch behält seinen aufrechten Gang, macht ihn gewissermaßen zu seinem Markenzeichen, das ihm dank seiner Vielseitigkeit und Ausdauer zugleich als wichtigste Waffe auf der Jagd und Suche nach Nahrungsmitteln dient (vgl. Umminger, 1992). Da die Hände nun nicht mehr als Stützfläche des Körpergewichts gebraucht werden, können sie sich in ihrer Feinmotorik auf das Greifen und Fabrizieren von Werkzeugen spezialisieren, die durch den aufrechten Gang mit enormer Kraft und Präzision geworfen und geschleudert werden können. Die Geschicklichkeit im Umgang mit Gerätschaften steht also in einem kausalen Zusammenhang zur Evolution der aufrechten Körperhaltung.

Bis zu der Erfindung von Geräten, die die Nachteile des aufrechten Gangs in speziellen klimatischen und räumlichen Verhältnissen (tiefer Schnee, Flüsse und Seen, Küstengebiete) kompensieren, vergeht jedoch eine lange Zeit. Dennoch entwickeln sich aus der Entdeckung, etwa dass Holz oder Hohlkörper schwimmen, oder große Stützflächen ein Einsinken im Schnee verringern, nach und nach die ersten Gleitgeräte. In Europa beginnt der Cro-Magnon, ein Nachfahre des Neandertalers, um 30 000 v. Chr. mit dem Bau von Booten, die er mit Paddel antreibt. Etwa 10 000 Jahre später wird die Entwicklung des Schneeschuhs im Norden Europas und Asiens vermutet. Die ältesten Darstellungen eines Skiläufers dagegen stammen erst aus dem Jahre 3000 v. Chr., gefunden auf der skandinavischen Insel Rödöy. Interessanterweise ist auf den primitiven, grafischen Zeichnungen bereits eine echte Freude am Skilauf erkennbar (vgl. Umminger, 1992).

Ein weiterer Meilenstein der menschlichen Entwicklung vollzieht sich zeitgleich im Zweistromland zwischen Euphrat und Tigris, wo die Sumerer neben der Keilschrift das Rad und somit auch den ersten Wagen erfinden. Mit Pferden oder Ochsen als Zugkraft entsteht eine fließende, mit dem Gleiten verwandte Fortbewegungsart, das Rollen, was sowohl beim Transport als auch auf der Jagd und im Krieg eine neue, technikgesteuerte Dimension einläutet. Auch bei territorialen Entdeckungsvorgängen spielen die Roll- und Gleiteigenschaften eine ausschlaggebende Rolle. Als Beispiel dafür ist die Inselwelt Ozeaniens anzuführen, deren Bewohner um 1000 v. Chr. mit Segelbooten die unermessliche Weite des Ozeans von dem asiatischen und australischen Festland aus bezwangen.

Trotz dem unverkennbar hohen Nutzfaktor scheint das Roll- und Gleitphänomen schon seit jeher durch seine Andersartigkeit im Vergleich zu der eigentlichen Fortbewegungsart, die sich binnen Millionen Jahren entwickeln und bewähren musste, in ganz besonderer Weise auf den Homo sapiens zu wirken. Bereits ab 900 v. Chr berichten erste Quellen vom seltsamen Brandungsschwimmen hawaiianischer Eingeborener auf zwei bis vier Meter langen, mit Öl eingeriebenen Brettern. Nach ähnlichem Prinzip, mit kleinen aufgebogenen Flossen aus Bast, sollen peruanische Indianer sogar noch früher ohne triftigen Grund in den Wellen „gespielt" haben (vgl. Götze & Strauss, 2008). Entwickelt sich etwa aus dem besonderen, exotischen Eindruckscharakter des Roll- und Gleitzustands der Reiz, den sicher beherrschten, aufrechten Gang „aufs Spiel zu setzen" und sein Gleichgewicht herauszufordern?

Das Wort „Spiel" hat seinen Ursprung im Germanischen *„spil"*, was soviel wie lebhaftes Tanzen, ein Hin-und-Her, ein In-sich-Kreisen bedeutet und dadurch auf die Familienähnlichkeit aller Spiele des Philosophen Wittgenstein zu verweisen scheint (vgl. Hagedorn, 1996; Kröger, 2011). Evolutionsbiologisch scheint sich verfestigt zu haben, dass die Tat des Entdeckens, der Versuch von etwas Ungewöhnlichem, was auch irgendwann und irgendwie gelingt, zu höchsten Glücks- und Zufriedenheitsmomenten des Menschen mit sich selbst führt, weil es seinem Bedürfnis nach Entwicklung und Entfaltung gerecht wird. Der ernste Hintergrund des Spiels als Vorbereitung und Sammlung von Erfahrungswerten für den „Kampf ums Dasein" im rauen, steinzeitlichen Alltag (Umminger, 1992, S. 10) verklärt sich dabei in der modernen Welt immer mehr, die ursprüngliche Freude am Spielen bleibt uns glücklicherweise erhalten.

Unter der Annahme einer existierenden spielerischen Neugier soll im Folgenden ein sportartübergreifender Ansatz zu Roll- und Gleitphänomenen entwickelt werden, der dem kindlichen Interesse – aufbauend auf dem Prinzip der differenzierten Erfahrungssituation – gerecht werden soll (vgl. Funke-Wienecke, 2007). Maßgebend ist, der Vielfalt der Erfahrungssituationen in einer Sporthalle gerecht zu werden, um den suchenden Charakter des Bewegungslerners zu befriedigen. Der Praxisbezug dieses Konzepts erklärt sich mit der Tatsache, dass alle Erfahrungssituationen (Kapitel 3) aus einem normalen Gerätebestand einer Regelschule entstanden sind und nach eingehender Reflexion in Anbetracht der aktuellen sportsoziologischen, sportpädagogischen, sportmotorischen und bewegungswissenschaftlichen Forschungslage nach ihren Effekten geordnet sind.

Zur Begründung eines sportartübergreifenden Vermittlungsansatzes

Kapitel

2

Zunächst stellt sich die Frage, welchen Stellenwert das Phänomen des Gleitens und damit verbunden auch das des Rollens im Sport besitzt. Dies lässt sich aus verschiedenen Blickwinkeln beantworten. Eine in den Sportwissenschaften unübliche und dennoch reizvolle Methode wäre, das gesellschaftliche Konstrukt Sport mit all seinen nur erdenklich vorkommenden Erscheinungsformen nach Betrachtungsweise des realistischen Romanciers Stendhal (1783–1842) zu beleuchten. Stendhal beschreibt seine Methodik, ein möglichst realitätsgetreues Bild der Gesellschaft zu zeichnen, metaphorisch mit einem Spiegel. Diesen hat er an seinem Rucksack befestigt, der somit unwillkürlich alles wiedergibt, was auf ihn trifft. Würde Stendhals Spiegel nun auf den Bereich der Sportarten fallen, wird er früher oder später ein Bild widerspiegeln, auf dem sich ein Beweger einer Fortbewegungshilfe bedient; denkbar und durchaus populär wäre beispielsweise ein Radfahrer oder ein alpiner Skiläufer. Gemeinsam ist beiden, dass sie ihre eigentliche Lokomotion, das Gehen oder Laufen, gegen eine neue, phänomenologisch andersartige Art der Fortbewegung eintauschen, das Rollen oder Gleiten. Dieser Faktor ist das Bindeglied aller Mitglieder der Roll- und Gleitfamilie, welcher nach weiterer differenzierter Betrachtung verlangt.

Scherer (2004) charakterisiert das Rollen und Gleiten aus anthropologischer Sicht. Er verweist auf die Tatsache, dass in dem Moment, in dem man sich in den Zustand des Rollens oder Gleitens begibt, die natürliche Funktionsweise der menschlichen Anatomie (Gehen und Laufen) überschritten und dadurch neue Bewegungsgrenzen geschaffen werden. Gehen erzeugt durch den reibungsintensiven Kontakt zwischen Fuß- oder Schuhsohle und Untergrund in rhythmischen Abständen Bremskräfte entgegen der Bewegungsrichtung – beispielsweise zu Beginn der vorderen Stützphase durch das Aufsetzen der Ferse auf dem Boden. Diese müssen anschließend durch Muskelkontraktion wieder überwunden werden. Beim Rollen und Gleiten hingegen ist alles darauf ausgerichtet, den Reibungswiderstand zu minimieren und dadurch einen gleichmäßigen, fließenden Zustand der Fortbewegung zu erreichen, der – zumindest über eine kürzere Distanz – keine weitere Antriebskraft mehr benötigt. Dieser physikalische und – sollte er mit Hilfe eines Roll- oder Gleitgeräts erreicht werden – technische Aspekt spiegelt sich in dem vestibulären, optischen und taktil-kinästhetischen Erleben des Gleitens wider: Es ist geprägt von Glätte. Das Gleiten oder Rollen fügt sich geräuschlos in die scheinbar vorbei fliegende Umwelt mit ein, die Glätte des Untergrundes und des Gleitgeräts wird vom Beweger wahrgenommen. Zugleich toleriert diese Glätte nur fließende Bewegungen. „Abrupte Bewegungen dagegen offenbaren die

Negativseite der Glätte, das Rutschen, in das sich der Mensch eher unkontrolliert begibt und die Richtung und das Tempo der Bewegungsform nicht mehr bestimmen kann" (Scherer, 2004, S. 6). Dies bezieht sich auf die Wahrnehmung des Gleitphänomens auf der Ebene des Individuums. Um die gesellschaftliche Bedeutung des Rollens und Gleitens in den Mittelpunkt zu rücken, bedarf es daher einer soziologischen Betrachtungsweise.

Die Wichtigkeit von Bewegung und Sport für die Gesundheit gilt mittlerweile längst als erwiesen. Sportlich aktive Kinder und Jugendliche gelten insbesondere in den Bereichen Fitness, gesundheitliches Wohlbefinden und sozialer Rückhalt als gesünder im Vergleich zu nicht aktiven Jugendlichen (vgl. Schmidt, Hartmann-Tews & Brettschneider, 2003). Der Zweite Deutsche Kinder- und Jugendsportbericht (Schmidt, 2008) befasst sich aufbauend darauf mit der Bedeutung von Alltagsbewegung und Fitness in der Jugend in Bezug auf bewegungsrelevante Verhaltensmuster im späteren Erwachsenenalter. Unter dem Begriff *„Tracking"* konnte bestätigt werden, dass physiologische und verhaltensbedingte Faktoren, die im Kindheits- und Jugendalter angeeignet werden, bis in das Erwachsenenalter transferiert werden, was die präventive Funktion eines bewegungsreichen Lebensstils in jungen Jahren gewissermaßen in doppelter Hinsicht unterstreicht (vgl. Schmidt, 2008). In diesem Zusammenhang bekommt die Mission des Schulsports als Erziehung zur Bewegung gesellschaftspolitische Bedeutung. Idealerweise sollte sich also auch aus dem Schulsport, der einen formellen Umfang von nur 2,6 Stunden pro Woche erreicht, ein *Tracking* in die Freizeit- und Alltagsgestaltung der Kinder und Jugendlichen ableiten lassen.

Neben organisiertem Sport in Vereinen stellt der nicht-organisierte oder informelle Sport in der Freizeit die wichtigste Bewegungsquelle von Kindern dar. Bei Eintritt in die Schule liegt die vereinsunabhängige Sportaktivität zwischen 30% und 40% bei Mädchen und zwischen 40% und 50% bei Jungen (vgl. Bös, Jekauc, Mees & Woll, 2008). Dabei werden von den 8- bis 12-jährigen Kindern aus NRW am häufigsten Fahrrad fahren (63%), Schwimmen/Baden (36%) und Rollschuhlaufen/Skateboardfahren (28%) genannt (vgl. Burrmann, 2008). Sportarten aus dem Bereich Rollen und Gleiten sind folglich stark mit der informellen Ebene von Sport verknüpft. Erweitert sich nun das Einzugsgebiet von „Sportaktivitäten" auf „Bewegungsformen", so dürfte der Roll- bzw. Gleitanteil an körperlicher Bewegung noch höher ausfallen. Man stelle sich dafür nur ein beliebiges Kind vor, das mit seinem Fahrrad zu einem Freibad *rollt* und nicht genug davon kriegen kann, wieder und wieder die Wasserrutsche hinunterzu*gleiten*. Ähnliches in einer verschneiten und vereisten Winterlandschaft, die sich schon mit so einfachen Mitteln wie Plastiktüten in einen endlosen „Gleitpark" oder „Gleitarenen" verwandeln lassen kann. Parallel zu einer natürlichen Ballschule in Form der Straßenspielkultur (Kröger & Roth, 1999) existiert also auch eine natürliche Roll- und Gleitschule, wenn Kinder und Jugendliche die Phänomene des Roll- bzw. Gleitvorgangs in ihre alltägliche Bewegungspraxis einbinden. Als Synthese aus der immensen Bedeutung eines bewegungsfreudigen Lebensstils in jungen Jahren, und dem hochgradigen Anteil an Roll- und Gleitsportarten im informellen Bewegungsbereich von Kindern lässt sich folgende Notwendigkeit für den Schulsport ableiten: Mit dem Auftrag, Kinder über den Sportunterricht hinaus zu „bewegen", müssen diese Bewegungsformen und Sportarten erfolgreich in den Schulsport integriert werden, um ein erfolgreiches *Tracking* in den Bereich der Alltagsgestaltung zu gewährleisten.

Als Gegenargument könnte angeführt werden, dass viele der Roll- und Gleitsportarten, sei es Kitesurfen, Snowboarden oder Mountainbiken, als typische Trendsportarten gelten und demzufolge mit charakteristischen Merkmalen wie Milieubildung, thematischer Fokussierung und spezifischer Kleidung einher gehen. Trendsportarten sind nach Hitzler, Bucher und Niederbacher (2001) in Szenen eingebettet, die als labile und schnelllebige Konstrukte kaum in eine Vereinsstruktur zu transferieren sind, da der Grundgedanke einer gesellschaftlichen Institution beizutreten der möglichst individuellen Gesinnung von Szenegängern widersprechen würde. Folglich wären die betroffenen Roll- und Gleitsportarten nur Ausprägungen einer kurz anhaltenden, sportgesellschaftlichen Strömung, die Erstellung eines eigens dafür entwickelten Lehrkonzepts damit fraglich. Küßner (2001) konnte allerdings die Wirksamkeit eines „Trendsportartenkonzepts" in den verschiedenen Lernzielkategorien (motorisch, kognitiv, psychisch, sozial) im Schulsport belegen. Damit könnte die Berechtigung des Sportunterrichts an der Schule um ein Argument bereichert werden, nämlich die Erfüllung seiner Funktion als Instanz, in der die Vielfalt der Sport- und Bewegungskultur pädagogisch und didaktisch aufbereitet wird und den Schülern eine fundierte Einsicht in moderne Erscheinungsweisen ermöglicht und sie letztlich eine Freizeitkompetenz erwerben (vgl. Schwier, 2000).

An dieser Stelle muss jedoch festgehalten werden, dass die Intention dieses Buches nicht darin besteht, „Bewegungspläne" zu möglichst neuen und angesagten Sportarten bzw. Bewegungsformen zu entwickeln. Natürlich lässt sich nicht von der Hand weisen, dass viele der Roll- und Gleitsportarten einem Trendmuster folgen oder aus ihm heraus erst entstanden sind (vgl. Lamprecht & Stamm, 2002). Bei detaillierter chronologischer Betrachtung von Sportarten erkennt man jedoch, dass das Phänomen Rollen und Gleiten seit jeher Teil der menschlichen Entwicklung ist (vgl. Kap. 1). Es geht also vielmehr darum, sich des Innovations- und Motivationsaspekts von Trendsportarten zu bedienen und unabhängig von gelegentlichen zeitlichen und gesellschaftlichen Orientierungen die sportwissenschaftlich bedeutsamen und übergreifenden Gemeinsamkeiten der Roll- und Gleitsportarten herauszuarbeiten.

Die Konzeption einer übergreifenden Roll- und Gleitschule bemüht sich um das Schaffen einer geeigneten Basis für das Erlernen spezifischer Roll- und Gleitsportarten. Von unabdingbarer Bedeutung sind hierfür eine genaue Kenntnis und Struktur der Bereiche Rollen und Gleiten, sowohl was die erforderlichen Gerätschaften und Umweltbedingungen betrifft, als auch hinsichtlich der allgemeinen und spezifischen Bewegungssteuerung. In den folgenden Abschnitten soll die äußere und innere Struktur des Gleitvorgangs beschrieben werden, um daraus praxisrelevante methodische Grundpfeiler zu erschließen.

Tab. 1: Übersicht von Bewegungsformen und Sportarten mit Roll- und Gleitcharakter

Boden	Eis	Schnee	Wasser
Einrad	Bob	Bob	Bodyboarding
Fahrrad	Curling	Langlauf	Kayak
Inlinehockey	Eishockey	Rodeln	Kitesurfen
Inlineskaten	Eissegeln	Schlitten fahren	Rudern
Pedalo	Schlittschuh laufen	Ski	Segeln
Roller		Skispringen	Standup Paddeling
Rollschuh laufen	Skeleton	Snowboarden	Wakeboarden
Sandboarden		Snowkiting	Wakeskaten
Skateboarden		Snowskating	Wasserski
Snakeboarden		Telemark	Wellenreiten
Strandsegeln			Windsurfen
Waveboarden			
Windskaten			

2.1 Komponenten des Bewegungsumfeldes beim Rollen und Gleiten

„Skifahren ist das Bewältigen von Situationen. Die Fahrsituation wird durch den Schnee und das Gelände, durch die gewählte Spur und das Tempo sowie durch das verwendete Skimaterial bestimmt. Je nach physischen und psychischen Voraussetzungen sowie dem Könnensstand des Skifahrers wird die Skitechnik in der jeweiligen Situation umgesetzt" (Deutscher Verband für das Skilehrerwesen e. V., 2006, S. 8).

Aus dieser spezifischen Definition des Skifahrens lassen sich bereits nützliche Informationen ableiten. Zunächst wird die Fahrsituation, hier das Rollen oder Gleiten, von der äußerlichen Beschaffenheit des Bewegungsumfeldes (Schnee, Gelände, Spur, Tempo, Skimaterial), wie auch von inneren Komponenten des Bewegers (physische/psychische Voraussetzungen, Könnensstand) beeinflusst. Zunächst liegt der Fokus auf einer allgemeinen Systematisierung der äußerlichen Einflussfaktoren des Roll- und Gleitphänomens. Nahezu jedes Medium eignet sich dafür. Ob mit Schlittschuhen auf einer Eisfläche, mit Langlaufskiern im Schnee, mit einem Ruderboot auf dem Wasser oder mit einem Skateboard auf der Straße, überall lässt sich der Zustand fließender Fortbewegung erreichen. Selbst Sand oder Luft lassen sich gleittauglich nutzen, wie mühelos dahingleitende Sandboarder und Paraglider beweisen. Auch Kombinationen sind denkbar, Windsurfer benützen beispielsweise Wind, also bewegte Luft und Wasser, um den Gleitzustand zu erreichen.

Nun kann als Bedingung angenommen werden, dass zumindest eines dieser genannten Medien in einem konkreten Bewegungsraum vorliegen muss. Schnee und Eis lassen auf einen winterlichen Bewegungsraum schließen, Wasser zu einem Großteil auf einen sommerlichen. Und während der Skitourengänger sein Gleiterlebnis in einem von der Außenwelt abgeschnittenem, natürlichem Bewegungsumfeld erfährt, rollt und grindet der urbane Streetskater durch ein städtisches, d. h. künstlich geschaffenes Umfeld. Greift dann das Ordnungsamt ein und verweist den begeisterten Roller des Platzes, sodass dieser seine Sportart in einer extra dafür angelegten Skateboardhalle ausüben muss, lässt sich eine Differenzierung zwischen Indoor und Outdoor vornehmen.

Eine weitere wichtige Komponente und zugleich Verursacher der phänomenologischen Andersartigkeit des Bewegungsvorganges, stellt das Roll- oder Gleitinstrument dar. Dort geschehen die physikalischen Vorgänge, die für einen Roll- und Gleitvorgang von Bedeutung sind.

Zunächst wird der Gleitzustand durch das Überwinden eines vorherrschenden Reibungswiderstandes erreicht. Die bremsende Kraft, die entgegen der Bewegungsrichtung wirkt, wird in der Physik als Gleitreibungskraft bezeichnet. Diese wiederum ist von dem Reibungskoeffizienten μ und der Anpresskraft/Normalkraft Fn abhängig. Der Reibungskoeffizient setzt sich aus Adhäsions- und Kohäsionskräften verschiedener Materialien zusammen, bei einem Schlittschuhläufer also aus dem Haftverhältnis der Schlittschuhkufe zu der Eisfläche, bei einem Wellenreiter aus dem Verhältnis Unterwasserschiff des Surfboards zur Wasseroberfläche, etc. Die Anpresskraft Fn wird zum einen durch das Körpergewicht des Bewegers summiert mit dem Gewicht seiner Ausrüstung erzeugt. Bei nachgebenden Untergründen (beispielsweise bei Tiefschnee) ist zudem die Auflagefläche von Bedeutung. Auch beim Rollen muss ein Rollwiderstand überwunden werden. Beim Abrollen werden sowohl der Rollkörper als auch die Unterlage elastisch verformt. Der Rollwiderstand setzt sich zusammen aus dem Rollwiderstandskoeffizienten c (der wiederum von der Materialpaarung Untergrund-Rolle abhängt), dem Radius r des Rollkörpers und der bereits bekannten Anpresskraft Fn. Je härter das Material von Untergrund und Rollkörper ist, umso geringer sind die Verformung und damit auch der Rollwiderstand. Nahezu jeder wird schon die Erfahrung gemacht haben, dass sich mit einem aufgepumpten Reifen bedeutend leichter Fahrrad fahren lässt, als mit einem schlecht aufgepumpten Reifen. Der Grund hierfür ist die erhöhte Verformung und folglich der erhöhte Rollwiderstand des platten Reifens. Mit diesem Hintergrundwissen lassen sich die Gleitinstrumente hervorragend kategorisieren.

Selbst der menschliche Körper ist für das Erzeugen von Gleitzuständen durchaus geeignet. Er kann im passenden Medium (Schnee, Eis, nasser Rasen) als natürliche Gleitfläche eingesetzt werden. Sinnvolle Gleitflächen wären hierbei die Fußsohlen, Rücken oder Bauch. Trotzdem wird der Großteil der Roll- und Gleitsportarten mit Roll- und Gleithilfen ausgeübt, eben weil sich die meisten Medien in ihrer Eigenschaft so sehr unterscheiden, dass sie eine technische Unterstützung zum Erreichen des Roll- oder Gleitvorgangs benötigen.

Als Faustformel gilt folgender Grundsatz: je härter die Beschaffenheit des Untergrundes ist, umso kleiner *kann* die Kontaktfläche gewählt werden. Je nachgiebiger der Untergrund ist, umso größer *muss* die Kontaktfläche gewählt werden.

Anschaulich kann angemerkt werden, dass mit Schlittschuhen wohl kaum ein Gleiterlebnis im Tiefschneehang erreicht werden kann, ebenso wenig wie der alpine Skifahrer mit seinen Carving-Skiern die neue Bestzeit im Eisschnelllauf aufstellen wird. Als extrem offenbart sich in dieser Hinsicht das Medium Wasser. Die Tragkraft von Wasser ist so gering, dass man ein Mindestmaß der auf das Wasser drückenden Normalkraft Fn als Auftrieb benötigt, um sich über der Wasseroberfläche halten zu können. Entweder wird dieser Zustand durch ein Gleitgerät mit Auftriebshilfe (z. B. Windsurfboard, Kajak) erreicht, oder man erzeugt hydrodynamischen Auftrieb durch die konstante Geschwindigkeit des Gleitgeräts auf dem Wasser (z. B. beim Wasserskifahren).

Ebenso vielfältig sind die Steuerungseigenschaften der künstlichen Roll- und Gleithilfen. Sie definieren sich zum einen über die feste (z. B. Inlineskates) oder lose Verbindung (z. B. Skateboard) zum Beweger, zum anderen über die Größe, Form und das Material des Gleitinstruments. Offensichtlich ist, dass bei der Kurvenfahrt mit einem Segelboot andere Hebelverhältnisse auftreten als mit einem Wakeboard und dass sich deren Steuerungseigenschaften somit grundlegend unterscheiden.

Auch wenn das Erlebnis des Rollens und Gleitens als gleichmäßige und fließende Art der Fortbewegung beschrieben wird, bedarf es dennoch immer einer Antriebskraft. Begründet wird dies durch die Tatsache, dass für jegliche Art der Lokomotion eine Energiequelle benötigt wird, da ein völlig reibungsloser Zustand nicht existiert. Jedoch ist die Vielfalt an Möglichkeiten, kinetische Energie in einen Roll- oder Gleitzustand zu transferieren, nahezu unbegrenzt. Exemplarisch sollen deswegen die gängigsten Muster aufgeführt werden. Die benötigte Energie kann zunächst auf natürliche oder auf künstliche Weise geliefert werden. Ein Inlineskater erzeugt die für den Vortrieb relevante Energie durch Einsetzen seiner Muskelkraft mithilfe einer spezifischen Technik. Die Energie ist natürlichen Ursprungs, da sie beim Beweger selbst lokalisiert ist, was für den Großteil der Roll- und Gleitsportarten zutrifft. Der Skifahrer jedoch wird seine Muskelkraft hauptsächlich auf die Tempo- und Richtungskontrolle richten, die Energie für die Lokomotion liefert ihm die raumbedingte Kraft der schrägen Ebene, die Hangabtriebskraft. Der Skiläufer „verbrennt" damit seine potentielle Energie V auf hoher Ebene („auf dem Gipfel"), auch Lageenergie genannt und findet sich auf niedrigerer Ebene, mit geringerer potentieller Energie („im Tal") wieder. Die dabei frei werdende Energie äußert sich im Hinabgleiten der Skipiste. Möchte der Skifahrer sein ursprüngliches Energieniveau wieder erlangen, so ist ein Energieaufwand (Aufstieg, Fahrt mit dem Sessellift) nötig. Wasserskifahrer erreichen den Gleitzustand, indem sie sich von einem Boot oder einer Wasserskianlage ziehen lassen; sie bedienen sich also einer indirekten, künstlichen Energieform. Beim Wellenreiten erzeugt das Medium Wasser mit seiner charakteristischen Brandung den Vortrieb, auf Asphalt wäre solch eine Art der Energienutzung nicht ohne Weiteres möglich. Beim Windsurfen, Kitesurfen und Segeln liefert außerdem das Medium Luft mit seiner typischen Aerodynamik Antriebsenergie, es existiert folglich auch die mediumbedingte Energieform.

Durch die Kategorisierung dieser Bestandteile ergeben sich die Komponenten Energie, Raum, Material und Medium für das Bewegungsumfeld zum Rollen und Gleiten. Für das Bewegungsumfeld eines Inlineskaters ergäben sich also folgende Komponenten:

Energie: natürlich (Antriebskraft aus Muskelarbeit)
Medium: Boden (Straße, Gehweg etc.)
Raum: indoor (z. B. Skatehalle) bzw. outdoor (z. B. Straße)
           Jahreszeiten (Sommer – Winter)
Material: feste Verbindung, kleine Kontaktfläche zum Medium, dadurch agil.

Wie folgendes Schaubild (Abb. 1) verdeutlicht, verhalten sich die einzelnen Komponenten wie Atome zu dem Molekül Bewegungsumfeld, wodurch alle in enger Interferenz zueinander stehen. Fehlt eine der Komponenten, wird auch das Molekül nicht existieren. Es muss also immer mindestens ein charakteristisches Merkmal pro Komponente gegeben sein.

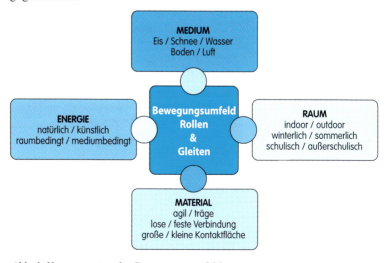

Abb. 1: Komponenten des Bewegungsumfelds

Während in der spielerisch-situationsorientierten Ballschule das freie Spielen mit situationsgebundenem Taktikverständnis als Grundkomponenten aller Ballsportarten im Mittelpunkt stehen (Kröger & Roth, 2011), wirkt sich dabei das Bewegungsumfeld nahezu neutral aus. In den meisten Fällen existiert es als maßgebende und definierte Einheit, deren charakteristische Ausprägung letztendlich spielbestimmend ist (z. B. ein Fußballfeld mit Auslinien, Mittellinie, Strafraum und zwei Toren). Im Gegensatz dazu stellt das Elementarziel aller Roll- und Gleitsportarten die Bewältigung eines fremden Bewegungszustandes dar. Gerade weil das Phänomen von dem komplexen Zusammenspiel von Materie, Bewegungsraum, Gleithilfe, Energie und Beweger lebt, wird deren systematische Ermittlung und Benennung benötigt. Wenn also die situationsbedingten Anforderungen der Ballsportarten im Bereich des Spiels, der Taktikbausteine, der Interaktion mit einem Gegenspieler und der Kooperation mit einem Mitspieler liegen, so richten sich die situationsbedingten Anforderungen von Roll- und Gleitsportarten nach dem Arrangement von Medium, Bewegungsraum, Roll- und Gleithilfe und Energie zueinander. Experimentelle Vielfalt wird beim Rollen und Gleiten somit vor allem durch die Variationsbreite der Rahmenbedingungen erreicht. Diese mit einfachen Mitteln zu simulieren und zu variieren stellt damit einen methodischen Grundpfeiler des übergreifenden Vermittlungsansatzes dar.

2.2 Rollen und Gleiten aus der Bewegerperspektive

Über die Vielfalt an Bewegungsarrangements mit hohem Aufforderungscharakter werden facettenreiche Gelegenheiten der Körpererfahrung gewährleistet und die Absichtsentwicklung des Übenden unterstützt. Nun ist es jedoch längst nicht mit variierenden Rahmenbedingungen getan. Eine Sportdidaktik sollte sich immer auf das Individuum beziehen, um als übergeordnetes Erziehungsziel im Sportunterricht den Doppelauftrag der Bewegungsbildung, von der Erziehung zum Sport bis hin zur Allgemeinbildung, also Erziehung durch Sport (Horn, 2009), erfüllen zu können. Akuter Bewegungsmangel und nachlassende motorische Leistungsfähigkeit verlangen nicht zuletzt nach einer vielseitigen, motorischen Ausbildung, in der nach Klafki (2005) Bewegungskompetenz den Rang einer Bildungsdimension einnimmt. Im konkreten Fall bedeutet dies, dass die Lehrkraft ein detailliertes Wissen über den Sinn und die Funktion der angebotenen Bewegungsaufgaben besitzen muss. Die Frage, welche Techniken mit der Übung geschult werden, ist genauso wichtig wie die Fragen nach dem pädagogischen Sinn oder nach den Erlebnisqualitäten einer Übung. Im Sinne der

Didaktik stellt sich die Frage nach der pädagogischen Qualität der Bewegung, die aus dem Lernen und Beherrschen bewegungsspezifischer Verhaltensweisen eine pädagogisch wertvolle Entwicklung entstehen lassen können.

In Zusammenhang mit dem erziehenden Sportunterricht hat der mehrperspektivische Sportunterricht in fast allen Lehrplänen Deutschlands Einzug gefunden (Horn, 2009). Mehrperspektivität im Sport basiert auf der Annahme, dass sportliche Aktivität nicht nur einen der jeweiligen Bewegung zugeordneten Sinn besitzt, sondern abhängig von der Persönlichkeitsstruktur des Bewegers mit unterschiedlichem Inhalt gefüllt werden kann. Im Rahmen der motorischen Ausbildung des Sportunterrichts soll der Lernende das breite Spektrum der Sinnangebote des Sports erfahren, um seine eigene (Sinn-)Perspektive als Handlungsgrundlage der jeweiligen Sportart und damit auch seine eigene Persönlichkeit in seinem selbst gewählten Bezugsrahmen zu entwickeln.

Individuelle Sinngebung im Sport entsteht folglich aus der unterbewussten Kommunikation der Persönlichkeit des Bewegers mit den Sinnbereichen der Bewegung. Als stringente Gedankenführung rücken vorerst die einzelnen Bestandteile (Persönlichkeit des Bewegers und Sinnbereich der Bewegung) in den Vordergrund, um sie als zweiten Schritt in Bezug zueinander und in Bezug zu einer exemplarischen Lehr-/Lernsituation zu setzen. Daraus entsteht ein ordnendes und bindendes Raster bezüglich der Interaktion zwischen der Sinnorientierung der Aufgabenstellung und der Persönlichkeitsstruktur des Bewegers.

2.2.1 Persönlichkeit und Motivation
Hintergrund einer auf eine Bewegungsausführung zielenden Persönlichkeitsstruktur ist die aktuelle Motivationslage des Bewegers, der mit seinen gesammelten Erfahrungen zwischen Gelingen und Scheitern das Erleben einer bestimmten Bewegungssituation bestimmt (Riepe, 2000). Die Motivationslage stützt sich auf die folgenden vier Grundpfeiler:
* Beziehung zum eigenen Körper
* Zugehörigkeit und Gemeinschaftsgeist
* Neugier und Unternehmungslust
* Ehrgeiz und Wetteifer.
Zusammen formen sie die Metadimension des Selbstkonzepts, die Beschaffenheit der Einstellung gegenüber einer bestimmten Bewegungsaufgabe. Im Idealfall ist diese vertrauensvoll, integriert, sich einlassend und fair. In diesem Fall wird von einem gefestigten Selbstkon-

zept gesprochen (Riepe, 2000). Weichen diese vier Dimensionen jedoch von ihrer Sollausprägung ab und verschieben sich überwiegend in einen Zustand der passiven Labilität, wird der Beweger eher zum Aufgeben neigen und Mutlosigkeit verspüren. Entgegengesetzter Pol wäre die aktive Labilität, die sich in konfus-rücksichtslosem Verhalten mit einem Hang zur Dominanz äußern würde. Die Motivationslage des Bewegers ähnelt damit individuell unterschiedlich stark den Bereichen passive Labilität, gefestigtes Selbstkonzept oder aktive Labilität.

Natürlich handelt es sich hierbei um modellhafte Annahmen, denn das Persönlichkeitsprofil ist zu komplex und zu individuell, um es mit vier Grundpfeilern erfassen zu können. Auch haftet der Vorstellung, in der Unterrichtspraxis individuell auf jeden Persönlichkeitstyp reagieren zu können, eine gewisse Weltfremdheit an. Während eines hypothetischen Unterrichtstages mit fünf Klassen à 30 Schülern würde der Lehrer, bei Beachtung der vier relevanten Grundpfeilern der Motivationslage, auf 600 unterschiedliche Ausprägungen reagieren müssen. Ob damit der Qualität des Unterrichts nicht vielleicht eher geschadet, als geholfen wird? Trotzdem ist die Kenntnis eines solchen, wenn auch oberflächlichen Schemas von großem Vorteil, um die situative Ausprägung der Motivationslage eines Bewegers in der Auseinandersetzung mit einer Bewegungsaufgabe nachvollziehen und verstehen zu können. Durch die Kenntnis ablaufender psychologischer Interpretationsprozesse sollen die Möglichkeiten einer „pädagogischen Pinselführung" in den Mittelpunkt rücken, mit dem Ziel die vielfältigen Erfahrungsmöglichkeiten des Bereichs Rollen und Gleiten als lustbetonte, motivierende Bewegungserfahrung anzubieten. Durch die Unmittelbarkeit der körperlichen Bewegung ist es zugleich Chance und Herausforderung des Sportunterrichts in gleicher Weise persönlichkeitsgerecht und persönlichkeitsbildend zu sein.

2.2.2 Sinnperspektiven im Rollen und Gleiten
Auch wenn die Sinngebung zu Bewegungsaufgaben als persönlichkeitsabhängiger und interner Prozess abläuft, so lässt sich auf Grund der Ähnlichkeit des Bewegungsphänomens Rollen und Gleiten das Spektrum unterscheidbarer Sinnperspektiven aussagekräftig eingrenzen.

Als eine grundlegende Sinnrichtung der Leibesübungen nennt Kurz (1990) die *Leistung*. „Als Leistung ist dann eine Handlung anzusehen, die nach der Maßgabe anerkannter Gütekriterien als gut zu bewerten ist. Diese Bewertung […] kann […] vom Handelnden selbst vorgenommen werden" (Kurz, 1990, S.89). Bezogen auf die Bewegungshandlung des Rollens und Gleitens in reiner Form, ist der Bereich des

Leistens untergliedert in die Gütekriterien Gestaltoptimierung und Distanzmaximierung. Ein gewisses Maß an Gestaltoptimierung ist in den Roll- und Gleitsportarten sozusagen Voraussetzung, begibt man sich doch auf eine labile Stützfläche, die eine allzu große Abweichung der „optimierten Gestalt" mit dem Verlust des Gleichgewichts quittiert. Auch die Distanzmaximierung spiegelt sich in den Wesenszügen des Rollens und Gleitens wider. Das Aufrechterhalten einer reibungslosen Lokomotion über eine immer größere Distanz sowie die Maximierung des Zustands schwerelosen Gleitens stellen Basisziele eines jeden Rollers bzw. Gleiters dar. Eine feine Ausdifferenzierung ist nötig, wenn man den hohen Aufforderungscharakter des Bewegungsumfelds als schräge Ebenen, Hindernisse oder labilen Untergrund berücksichtigt. Das Meistern der Schwierigkeit des Bewegungsarrangements an sich ist bereits ein Leisten, weil die Fremdartigkeit des Bewegungszustands durch den Erwerb von relevanten koordinativen und technischen Bausteinen erst entschärft werden muss. In solchen Situationen werden Attribute wie Gestaltoptimierung oder Distanzmaximierung zunächst zweitrangig, da die Handlung schon als Leistung bewertet werden kann (vgl. Kurz, 1990).

In den Vordergrund rückt in diesem Zusammenhang der Bereich des *Erlebens*. Ausgehend von Roll- und Gleithilfen und der Fortbewegungsenergie einerseits sowie von deren Situation zu Bewegungsraum und Medium andererseits werden kinästhetische Sensationen und raum-zeitlich strukturierte Leiberlebnisse ermöglicht.

„Für sportliche Situationen insgesamt lässt sich sagen, dass die Sinnrichtung des Eindrucks desto mehr an Gewicht gewinnen kann, je mehr in ihnen Eigenbewegungen des Sportlers sich von den gewohnten Bewegungen insbesondere des Alltags entfernen" (Kurz, 1990, S. 97).

Über solche „bewegungsintensive Formen der Selbsterfahrung" (Funke-Wienecke u. a., 1997, S. 19) werden reizvolle Eindrücke vermittelt, die Spaß machen und als lustvoll empfunden werden, die somit emotional gefärbt sind.

Ein weiterer auf der Fremdartigkeit der Bewegungssituation aufbauender charakteristischer Sinnbereich stellt das *Risiko* oder *Wagnis* dar. Zugleich ist es jener Sinnbereich, der die Persönlichkeitszustände des Bewegers am drastischsten polarisieren wird. Im positiven Sinn soll durch einen adäquaten Anspruch an Risikobereitschaft eine als angenehm kribbelnd empfundene Spannung erzeugt werden, die zwischen Erfolg und Misserfolg, Stehen und Stürzen, Überwindung und Resignation oszilliert. Etwas vorsichtigere Charaktere können durch solch einen herausfordernden Grenzlauf mit ungewissem Ausgang jedoch schnell überfordert werden und ängstlich auf Bewegungsausführungen reagieren, was im Hinblick auf das hier vorgestellte Übungskollektiv unter jeglichen Umständen zu vermeiden ist.

Als komplementäre Sinnrichtung zum Erleben kann die des *Gestaltens* angesehen werden. Hoch mediatisierte „Contests" der Wellenreitszene, wo neben betont lässigem und coolem Auftreten am Strand eine traumwandlerische Sicherheit der Körper- und Brettbeherrschung vor meterhohen Wasserlawinen demonstriert wird, ernten ebenso Respekt und subjektive Anerkennung externer Beobachter wie ein jugendlicher Street-Skater, der durch akrobatische Sprünge und „Slides" mit seinem Skateboard die Hindernisse eines urbanen Bewegungsraums überwindet. Derartige Bewegungsausführungen übersteigen ihren Selbstzweck der Funktionalität. Sie sind darauf ausgelegt, bei dem Betrachter als außergewöhnlich, beeindruckend und schön zu erscheinen.

Prägnant und ergänzend vervollständigt schließlich noch das *Spielen* den Umfang der Sinnbereiche zum Rollen und Gleiten. Geht man von einem Spielbegriff aus, der in verschiedenen Ballsportarten und auch im Bereich der kleinen Spiele angesiedelt ist, äußern sich die ambivalenten und spannenden Grundmerkmale der Ungewissheit des Spielverlaufs in den Bereichen Zielbezug, Partnerbezug und Gegnerbezug (vgl. Kröger & Roth, 2002). Überdacht werden diese Bezüge hier durch eine Roll- und Gleitbeziehung, unter dessen entfremdend modifizierten Bedingungen unterschiedliche Spielformen stattfinden. Aber abweichend von dem durch Kooperation bestimmten Spielbegriff in einem Mehr-Personen Gefüge ist das Spielen auch auf der individuellen Ebene verankert. Das labile Spiel mit dem eigenen Körpergleichgewicht sowie erstaunliche induktive Entdeckungen unbekannter Fortbewegungsarten in Bewegungsräume und deren reflektierende Rekonstruktion verlangen und fördern einen spielerischen und neugierigen Zugang, „... um eingeschliffene Gewohnheiten zu überschreiten ..." (Hameyer & Schlichting, 2002, S. 9).

2.2.3 Beziehungen zwischen Sinnperspektive und Persönlichkeit
Wie interessant und aussagekräftig wäre für den Trainer oder den Lehrenden doch das Wissen wie man mit bestimmten ausgewählten Übungen unmotivierte Schüler ansprechen oder rücksichtslos übermotivierte Schüler dämpfen kann? Vorausgreifend muss festgehalten werden, dass es wohl bei einem Wunschdenken bleiben wird, „... man könne aus psychologischen Theorien [...] konkrete Handlungsanweisungen quasi

mit ‚Wirkungsgarantie' für jede unterrichtliche Situationen ableiten" (Miethling, 2001, S. 73). Der Lernende soll nicht als bloße Verarbeitungsmaschinerie betrachtet werden, in den relevante Informationen nach dem Modell des Nürnberger Trichters regelrecht eingeflößt werden (vgl. Spitzer, 2007). Vielmehr steht er für einen individuellen, aktiven und realitätserzeugenden Produzenten seiner eigenen Entwicklung, was einen gewissen Grad der Unberechenbarkeit und Unergründlichkeit auch des sportmotorischen Entwicklungsprozesses mit sich bringt (vgl. Miethling, 2001). Die Praxisnähe und Alltagstauglichkeit von vielen sportdidaktischen Modellen für den Sportunterricht, die eine maximale Binnendifferenzierung unter 34 Schülern an acht Stunden täglich als Handlungsprämisse ansieht, sei damit wiederholt in Frage gestellt (vgl. Horn, 2009). Trotzdem kann die Kenntnis psychologischen Wissens dem Lehrenden als wertvoller orientierender Wegweiser dienen, ihn für alternative Handlungsmöglichkeiten und bestehende Bedingungsgefüge aufmerksam machen und auch sein eigenes Verhalten beeinflussen. In den Kognitionswissenschaften gilt es inzwischen als erwiesen, dass die Faktoren Neuigkeit und Bedeutsamkeit, also Sinnhaftigkeit im Erleben von Ereignissen, für Lernanlässe als ausschlaggebend gelten (Spitzer, 2007).

Eine systematische Zusammenführung von Persönlichkeitsmerkmalen und auf Sinnperspektiven basierenden Bewegungsübungen soll mit einem in der Linguistik bekannten Kommunikationsmodell verdeutlicht werden. Die Ähnlichkeiten liegen durchaus auf der Hand. Aufbauend auf der Definition Platons, wo es heißt, die Sprache sei ein Werkzeug *(órganon)*, „mit dem einer dem anderen etwas mitteilt über die Dinge" (Geckeler & Dietrich, 2003, S. 40) entwickelte der Wiener Psychologe Karl Bühler das ‚Organon-Modell' der Sprache. Es beruht auf der Dreigliedrigkeit eines Kommunikationsvorgangs. Verfolgt wird die Annahme, dass das Geäußerte in unterschiedlichen Bezügen zu seinem Sender, seinem Empfänger und den geäußerten Sachverhalten steht. Der Sender impliziert seine persönliche Einstellung zum Inhalt des Geäußerten. Das Geäußerte (also die Worthülsen, oder Schriftbilder) ist im Bezug zum Sachverhalt lediglich ein stellvertretendes Symbol, was jedoch von dem Empfänger (sollte er der Sprache oder Schrift mächtig sein) entschlüsselt werden kann. Dieser erkennt darin ein Signal zur Reaktion (eine Antwort, eine Tat), welche wiederum untrennbar mit seiner persönlichen Einstellung entsteht.

Auch im Sportunterricht und speziell unter der Annahme der Sinnorientierung lässt sich ein triadisches Modell der Kommunikation zwischen dem Lehrenden, dem Lernenden und der Bewegungsaufgabe erstellen. Die zu bewältigende Bewegungsaufgabe steht dabei im Mittelpunkt und ist durch drei Funktionen gekennzeichnet. Durch die instrumentelle Funktion können von dem Lehrenden Bewegungsaufgaben zu einem bestimmten Zweck gebraucht werden. Die motorisch-kognitive Funktion der Bewegungsaufgabe ermöglicht das Verständnis eines übergeordneten Ziels. Und schließlich dienen Bewegungsaufgaben über ihre kommunikative Funktion der Mitteilung zwischen Lehrendem und Lernendem. Dadurch stehen Bewegungsaufgaben symbolisch für bestimmte Sachverhalte, in diesem Fall einerseits für den übergreifenden Motorikzuwachs im Bereich Rollen und Gleiten, andererseits für die pädagogische Orientierung des Sportunterrichts. Das Erfahrungswissen bzw. die Vermutung des Lehrenden über die Rezeption der Bewegungsübung in der Lerner-Gruppe sollte für die Auswahl von Bewegungsaufgaben maßgebend sein. Dadurch verleiht er dem appellativen Charakter der Bewegungsübungen auf die Lernenden Gestalt. Für die Wirkungsentfaltung der Kommunikation zwischen Lernendem und Bewegungsaufgabe ist zusätzlich ein Erkennen und Interpretieren des Lernenden – Semiose – von Nöten. Wie bereits angeführt handelt es sich dabei um einen nur bedingt vorhersehbaren Prozess, der stark von den individuellen Persönlichkeitsmerkmalen des Lerners und den situativen Bedingungen abhängt. Der Vorgang findet in einer Art „Black Box" statt, welche außenstehenden Personen weitestgehend verschlossen bleibt. Durch den Ausdruck der Intention des Lehrenden, verpackt in einer sinnmotivierten Bewegungsaufgabe, wird jedoch die Semiose des Lernenden bezüglich der dargestellten Sinnperspektive erleichtert. Somit kann die Arbitrarität, also die Willkür der Semiose zwar nicht verhindert, aber doch zumindest in eine bestimmte Richtung gelenkt werden.

Nun wird sich wohl kaum ein Beteiligter des Sportunterrichts in Gedanken über das Kommunikationsmodell zwischen sich selbst und der gestellten Bewegungsaufgabe versinken. Im Normal- und Idealfall läuft dieser Prozess völlig unbemerkt ab, der Lernende agiert im Rahmen seines eigenen Persönlichkeits- und Sinnkonzepts, welches sich mit den Bewegungsaufgaben arrangiert. Genauso wenig beantwortet das Kommunikationsmodell die Frage, wie man mittels Bewegung innerhalb einer Schulstunde aus einer depressiven Grundeinstellung einen aufmerksamen, fruchtbaren Lernboden formt. Die Intention besteht darin, die Einzigartigkeit und die psychologisch-pädagogische Tiefe der mehrperspektivischen Sinnzuschreibung zu Bewegungen zu verdeutlichen. Im Umkehrschluss dazu steht die Notwendigkeit, über vielfältige Bewegungserfahrungen ein möglichst breites Spektrum unterschiedlichster Sinnperspektiven zur Verfügung zu stellen.

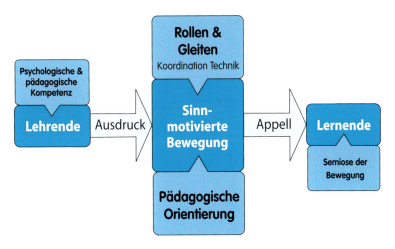

Abb. 2: Kommunikationsmodell zur Bewegungsausführung

An dieser Stelle erscheint ein Zwischenfazit angebracht. Die phänomenologische und soziologische Betrachtungsweise des Rollens und des Gleitens diente als Eröffnung und Grundlage der darauf folgenden Konkretisierungen. Schritt für Schritt wurde ein Modell des Bewegungsumfeldes der Roll- und Gleitsportarten mit ihren charakteristischen Medien, Energien, Bewegungsräumen und Hilfsmitteln erarbeitet, womit die Erfassung äußerlich beobachtbarer Faktoren maßgebend war. Es folgte ein Wechsel auf die Innenperspektive mit den Komponenten Motivation und Sinnperspektiven, um die im folgenden Kapitel beschriebenen sportwissenschaftlichen Erkenntnisse mit einer pädagogischen Orientierung zu vereinen.

2.3   Rollen und Gleiten – reine Gefühlssache?

Ausschlaggebend für das Erlernen und die Kontrolle von Bewegungen sind drei komplexe Systeme: das Motivations-, das sensomotorische und das Emotionssystem (vgl. Hossner, 2004). Das Motivationssystem umfasst die im Zusammenhang mit den Sinnperspektiven und dem mehrperspektivischen Kommunikationsmodell bereits behandelte Identifikation des Bewegers mit der Bewegungsübung. Es besitzt für das Erlernen von Bewegungen unersetzlichen Wert, unter einem mangelnden Motivationssystem wird es kaum zu einem fruchtbaren Lernprozess kommen. Die Ursache der Motivation lässt sich wie bereits erörtert nur bedingt beeinflussen, viel wichtiger ist ihre Anwesenheit. Ob die Motivation, auf einer Teppichfliese eine aus Langbänken konstruierte schiefe Ebene hinunterzurutschen darin liegt, ein persönliches Wagnis einzugehen, oder darin, bereits erlernte „Rutschkunst" möglichst souverän zu demonstrieren, die relevante Bewegung dafür wird von ein und demselben sensomotorischen System produziert werden (vgl. Hossner, 2004). Und trotzdem ist es auf den Reiz des Motivationssystems angewiesen um erst „in Gang zu kommen". Als elementar für den Lernprozess einer Bewegung gilt dann das Emotionssystem, es hält „… interne Belohnung bereit für den Fall, dass ein Bedürfnis befriedigt, oder sich einer Bedürfnisbefriedigung angenähert wurde" (Hossner, 2004. S. 32).

Die Sportarten, die als Roll- und Gleitsportarten zählen, besitzen trotz ihres vielfältigen und zum Teil fremden Auftretens Gemeinsamkeiten, die für die Zuordnung zu eben jenem Bereich verantwortlich sind. Auf der Ebene des Roll- und Gleiterlebnisses wurde dies bereits erarbeitet, ebenso auf der Ebene der Sinnperspektiven bzw. Motivation. Aufbauend auf der Vielfalt der Rahmenbedingungen, die sich unter den Ähnlichkeiten der Sinnperspektiven und der gemeinsamen Komponenten des Roll- und Gleiterlebnisses ansammeln, formuliert sich das Leitziel, nämlich die Funktion des sensomotorischen Systems und des Emotionssystems als gemeinsames *Bewegungsgefühl* für das Rollen und Gleiten zu entwickeln. Womit der Bogen von den Gemeinsamkeiten der Roll- und Gleitsportarten zu einem umfassenden didaktischen Lehrkonzept gespannt wäre.

Die wissenschaftlich-terminologische Verwendung des Begriffs „Gefühl" erscheint jedoch diffus, „denn ihre ‚Sprache' ist nicht logisch-rational, sondern auf Beziehungen und Verhältnisse aufbauend" (Hirtz, Hotz & Ludwig, 2003 S.9). Nichtsdestotrotz ist er in der Sprache des Sports seit langem geläufig. Norbert Lorch – Bundestrainer im Bob- und Schlittenverband für Deutschland – attestiert seinen Rodlern beispielsweise ein „inneres Gespür für die Bewegung in Raum und Materie" (Pfaff & Loch, 2009, S. 25). Ohne große Ausschweifungen preisen Sportkommentatoren das Schnee- und Skigefühl eines Bode Millers, ganze Artikel befassen sich mit dem sagenhaften Gefühl für einen Wellenverlauf des neunfachen Weltmeisters im Wellenreiten, Kelly Slater (vgl. Griggs, 2009). Fehlende Messzugriffe und eine mangelnde Einsicht in kausale Wirkungsprinzipien der „Gefühlswelt" scheinen einer konkreten Definition dieses Ausdrucks entgegenzuwirken. Verhältnisweise klar scheinen allerdings Zusammenhänge zwischen einem attestierten Bewegungsgefühl und einer direkt sicht- und messbaren außergewöhnlichen Bewegungsbeherrschung zu existieren. Besonders im Bereich Rollen und Gleiten, wo das Beherrschen der situativen Gegebenheit mit all ihren Schwierigkeiten (labiles Gleichgewicht, hohe Fremdartigkeit der Lokomotion, Geschwindigkeit, Steuerung) für Außenstehende oftmals den Status einer Bewegungskunst erreicht, scheint die Floskel „ein Gefühl für die Bewegung zu haben" durchaus passend zu sein.

Nachvollziehbar wird die Relevanz des Bewegungsgefühls im Bereich Rollen und Gleiten über den starken Eindruckscharakter dieser Sportarten. Nach Kurz wächst der Eindruckscharakter einer Sportart, je mehr sich diese von den gewohnten Bewegungen des Alltags entfernt (Kurz, 1990). Solche entfernten Bewegungszustände wirken auf ein sich-bewegendes Subjekt und werden von ihm als außergewöhnlich wahrgenommen bzw. gefühlt. Erstaunlicherweise bestätigt ein Teilnehmer eines Wintersportprojekts für Blinde der deutschen Blindenstudienanstalt e. V. in Marburg den Eindruck der alltagsfernen Bewegungserfahrung mit eigenen Worten:

„Wenn man läuft, ist jeder Schritt eine einzelne Bewegung. Für jeden Meter, den man zurücklegen möchte, muss man neu ansetzen. Lässt man sich dagegen auf Skiern einen Hang hinuntergleiten, erfährt man eine Bewegung, die keine Grenzen zu kennen scheint, die eine nie gekannte Geschwindigkeit ermöglicht und von der man sich ohne große Kraft anwenden zu müssen, einfach tragen lassen kann. […] Ich kann mich nicht daran erinnern je einen Bewegungszustand erlebt zu haben, der so schnell und so flüssig ist und trotzdem direkt auf meinen Körper wirkt" (Herwig, 2004, S. 43).

Bewegungsgefühle oder auch Ballgefühle und Körpergefühle sind also Bestandteile des Sports, aber haben sie auch ihre Gültigkeit in den

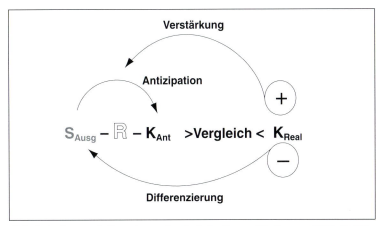

Abb. 3: Aufbau verhaltenssteuernder Antizipationen (Hoffmann, 1993, S. 44)

Wissenschaften? Im theoretischen Zusammenhang mit Lernprozessen hat sich ein Modell als grundlegend erwiesen: das Modell der antizipativen Verhaltenskontrolle von Hoffmann (1993). Demnach wird zu einem gewählten Bewegungsverhalten R unter den gegebenen Ausgangsbedingungen S_{Ausg} die Konsequenzen K_{Ant} antizipiert. Die tatsächlich entstehenden Konsequenzen K_{Real} werden mit K_{Ant} vergleichen, bei einer Übereinstimmung wird die Bindung der Antizipation K_{Ant} an die Ausgangsbedingungen S_{Ausg} verstärkt, fehlende Übereinstimmungen haben eine Diskrepanz zwischen antizipierter Konsequenz K_{Ant} und der Ausgangssituation S_{Ausg} zur Folge. S_{Ausg} konnte in diesem Fall nicht mit der gewählten Handlung bewältigt werden und muss mit einem anderen Bewegungsverhalten und damit auch mit einer anderen Antizipation verknüpft werden.

Wie lässt sich nun der Terminus Bewegungsgefühl in dieses Schaubild einordnen? Die Kognitionswissenschaften sprechen in diesem Zusammenhang von der neuronalen Repräsentation von Verhaltensmustern in verschiedenen Situationen (Spitzer, 2007). Bildhafter ausgedrückt hinterlassen Verhaltensmuster in einer Bewegungssituation, denen von Bewegerseite über seine Motivation und über den Sinn der Bewegung eine situationsabhängige Wichtigkeit zugeschrieben wird, Spuren in unserem Gedächtnis. In Abgleich mit dem darauf folgenden Erfolg bzw. Misserfolg des Bewegungsverlaufs wird das ausgeführte Verhaltensmuster über das Emotionssystem bewertet. Im Falle eines Erfolgs werden in den Basalganglien des limbischen Systems Neurotransmitter ausgeschüttet, die Glücksgefühle verursachen, die richtige Antizipationen der Konsequenzen K_{Real} werden belohnt. Damit wird die Ausgangssituation S_{Ausg} verstärkt mit der antizipierten Konsequenz K_{Ant} verknüpft, die Spur wird „verdichtet". Als Bewegungsgefühl für das Rollen und Gleiten kann somit der Status der Verknüpfung der Ausgangssituationen S_{Ausg} über bestimmte Handlungen R zu den antizipierten Konsequenzen K_{Ant} verstanden werden.

Wie von Hoffmann jedoch erarbeitet wurde, werden die Antizipationen fortlaufend im Vergleich mit den tatsächlichen Konsequenzen K_{Real} geformt und korrigiert. Dies wiederum bedeutet, dass ein umfassendes Bewegungsgefühl zum Rollen und Gleiten nur über eine Vielfalt an Ausgangssituationen S_{Ausg}, die vielfältige unmittelbare Konsequenzen K_{Real} zur Folgen haben, entstehen kann. Unter diesen Umständen kann das Bewegungsgefühl zum Rollen und Gleiten als situative und antizipierende Referenz für das Verhalten in einer Situation außergewöhnlicher Eindrücke angesehen werden. Ableitend aus seiner angesammelten „Antizipationsfülle" kann der Sportler anhand der konkreten Bewegungssituation sein eigenes Bewegungshandeln sensorisch differenzierter fühlen, kognitiv bewusster wahrnehmen und motorisch situationsangepasst umsetzen (vgl. Hirtz, Hotz & Ludwig, 2003).

2.4   Das Baukastenprinzip

Aus den aufgeführten Annahmen zum Bewegungsgefühl entsteht die Notwendigkeit, ein für möglichst viele Roll- und Gleitsportarten repräsentatives koordinatives und technisches Anforderungsprofil anzubieten. Die methodische Schwierigkeit liegt in der Bedeutung des Bewegungsraumes und des Mediums für diesen Sektor. Ein Großteil der Sportarten bzw. Bewegungsformen, beispielsweise Kajak oder Langlauf, werden überwiegend *outdoor* ausgeübt, die sich über die Einzigartigkeit des Mediums und des Bewegungsraums, in diesen Fällen der Wildwasserfluss und die verschneite Loipe, erst definieren. Wintersportarten wie Snowboarden und auch Wassersportarten wie Kitesurfen sind so stark an Bewegungsraum und Medium (Berge, Wasser, Wind und Schnee) gebunden, dass sie, abhängig von dem geografischen Standort, eher saisonalen Charakter besitzen und nicht ganzjährig ausgeübt werden können. Als Grundproblem formuliert sich somit die Transferoptimierung von in der Halle ausgeübten Übungen auf eine eigentlich natürliche Roll- und Gleitsituation im Schnee, im Wasser, hinter einem Boot, mit Wind in den Segeln, etc. Wegweisend erweist sich dabei ein neuer Ansatz der Bewegungswissenschaften, der hinter der Ähnlichkeit bestimmter Funktionsbereiche (z. B. Erzeugen einer Antriebskraft) übergreifende Technikbausteine des sensomotorischen Systems vermutet (in diesem Fall Abdruck aus einem Reibungswiderstand). Danach enthalten die Antriebstechniken des Skateboardens, des Ruderns oder auch des Langlaufens, die symbolisch als Baukasten vorgestellt werden können, den Technikbaustein „Abdruck aus einem Reibungswiderstand". Natürlich füllt ein Technikbaustein einen für die Umsetzung benötigten Baukasten nicht völlig aus, vielmehr setzt sich eine hypothetische Roll- und Gleitbewegung aus einer Vielzahl architektonisch unterschiedlich angeordneter Bausteine zusammen.

Belegt wurde die Transferleistung von erlernten, motorisch komplexen Bewegungsleistungen (also Technikbausteinen) in einen neuen Kontext durch Hossner (2004). Er wendet dafür den Begriff der Modularitätshypothese des amerikanischen Kognitionswissenschaftlers Fodor (1983) auf die Motorikforschung an. Fodor geht davon aus, dass auf dem Gebiet der Vermögenspsychologie für bestimmte kognitive Phänomene (z. B. das Erinnern von Namen) spezifische, horizontal angelagerte Module aktiviert werden (vgl. Hossner, 1995). Ändert sich also das Phänomen (z. B. in das Erinnern von Melodien), wird dasselbe Modul, allerdings in einer anderen horizontalen Position, aktiv sein. Diese Annahme transferierte Hossner auf den Bereich der Bewegungssteuerung. Er ließ Probanden an einer speziell dafür entworfenen doppelten Hebelapparatur mit insgesamt 64 einzustellenden Konfigurationen eine Sequenz mit sechs Konfigurationen erlernen (exemplarisch: 123456). Danach sollten sie eine neue Sequenz lernen, die der Anfangssequenz jedoch in einigen Punkten entsprechen konnte. Es wurden alle Konfigurationen wiederverwendet, allerdings in unterschiedlicher Reihenfolge, wobei die Folge der bekannten Konfiguration in Dreier-Serien (456123), Zweier-Serien (563412) und in eine inverse Konfiguration ohne Übereinstimmung (654321) aufgeteilt wurde. Bei einer Kontrollgruppe rotierten die Konfigurationen der Hebelapparatur von Sequenz zu Sequenz, sodass es in keiner Konfiguration zu Übereinstimmungen kam. Die Ergebnisse entsprechen den theoretischen Vorannahmen. Auch wenn die bekannten Übergänge der Konfigurationen der Zweier-Serien und der Dreier-Serien in eine neue Reihenfolge eingefügt wurden, so zeigte sich doch ein signifikant geringerer Transferverlust in Bezug auf die gesamte Sequenz, verglichen mit der Konfiguration ohne Übereinstimmung (vgl. Hossner, 2004). Angewendet auf die konkreten Bausteine der Roll- und Gleitsportarten wird die Praxisrelevanz dieses Ansatzes deutlich. Der erlernte Baustein „Abdruck aus einem Reibungswiderstand" führt durch die erhöhte Transferleistung sowohl im Langlaufen, als auch im Rudern, im Skateboarden etc. zu einer Verbesserung des Funktionsbereiches „Erzeugen einer Antriebskraft". Als bedingend gilt dabei der Faktor Ähnlichkeit der Bewegung. Nur unter dessen Voraussetzung macht ein übergreifendes Konzept erst Sinn, wobei allerdings die Existenz allumfassender Über- oder Superfähigkeiten in den Sportwissenschaften teilweise angezweifelt wird (vgl. Meinel & Schnabel, 2007).

Die Reaktionsleistung eines Formel-1-Piloten mit dem eines Tischtennisspielers gleichzusetzen, und den Tischtennisspieler als potenziell talentierten Rennfahrer anzusehen wäre damit vergleichbar, einen Cellisten als guten Schlagzeugspieler gelten zu lassen, nur weil sich beide dem Faktor Rhythmus anpassen müssen, um auf ihrem Instrument eine als musikalisch bewertbare Leistung zu präsentieren. Der Cellist besitzt also ein fantastisches Rhythmusgefühl, wird aber mit den Techniken des Schlagzeugspielens vermutlich heillos überfordert sein, eben weil er seinem Rhythmusgefühl gewöhnlich durch Streichen Gestalt verleiht, nicht durch Schlagen. Ähnlich wäre der reaktionsfreudige Tischtennisspieler mit Schalten, Gas geben, Lenken, das alles mit einem

Helm auf dem Kopf, so beansprucht, dass seine Reaktionsfähigkeit wohl nicht der ausschlaggebende Faktor ist, der ihn sicher durch die nächste Kurve bringt. Nimmt sich der Cellospieler allerdings einen Kontrabass in die Hand, und findet sich der Tischtennisspieler auf einem Badminton Court wieder, dürfte es ihnen leichter fallen, ihre in dem eigentlichen Instrument (Cello, Tischtennisschläger) erworbenen Bausteine erfolgreich auf das neue Gerät (Kontrabass, Badminton-schläger) zu transferieren. Der Grund dafür liegt in der Ähnlichkeit der koordinativen und technischen Anforderungen der Instrumente Cello-Kontrabass und Tischtennis-Badminton. Als Symbiose zwischen Theorie und Praxis ist der Terminus „Bewegungsgefühl" und sein Wirken in der verhaltenssteuernden Antizipation mit jenen koordinativen und technischen Bausteinen zu füllen, die sich wie ein roter Faden durch die Roll- und Gleitsportarten ziehen. Ähnlich wie bei der Ballschule fehlen auch im Bereich Rollen und Gleiten wissenschaftlich objektive Wege zu der Bestimmung der Übungs- und Trainingsinhalte (vgl. Roth & Kröger, 2011). Stattdessen wurde aus der Recherche fachdidaktischer Literatur und aus den Einschätzungen von Experten und Trainern die relevanten Koordinations- und Technikbausteine nach ihrer Ähnlichkeit codiert.

2.4.1 Koordinationsbausteine zum Rollen und Gleiten

Durch die Ansammlung abgestimmter Bausteine liegt der Akzent auf der Festigung des koordinativ geprägten Bewegungsgefühls zum Rollen und Gleiten. Auch in diesem Bereich kann die Modularitätshypothese zur Bewegungssteuerung von Hossner (1995) angewendet werden. Die Koordination im Roll- und Gleitbereich soll mit relevanten und übergreifenden Bausteinen gefüllt werden, welche ergänzend eine positive Grundlage für das Erlernen technischer Elemente bieten. Jedoch zeigt sich auch hier die Notwendigkeit zur Nähe des Sportartenbereichs, sodass es sich nicht um die Ausdifferenzierung von universellen Überfähigkeiten handelt, sondern um die Repräsentation allgemeiner, motorisch-informationeller Anforderungsklassen im Zusammenhang mit Roll- und Gleitphänomenen. Dies wiederum bedeutet, dass die Koordinationsübungen immer einen direkten „Roll- und Gleitbezug" aufweisen – der Realität einer tatsächlichen Ausübung der Roll- und Gleitsportarten also entnommen – und auf die technischen und räumlichen Gegebenheiten einer Sporthalle transferiert werden.

Es gilt mittlerweile als erwiesen, dass eine positive Interferenz zwischen dem Erlernen von Bewegungen und dem Niveau koordinativer Basiskompetenzen besteht (vgl. dazu die Forschungsergebnisse der Mitarbeitergruppe um Roth in Roth & Kröger, 2011). Koordinative

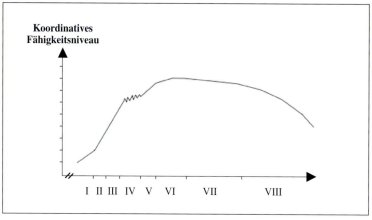

Abb. 4: Koordinative Entwicklung: Gesamtpopulation, gemittelt über alle koordinative Basiskompetenzen (nach Roth & Roth, 2009, in Roth & Kröger, 2011, S. 11)
I = Vorschulalter, II = frühes Schulkindalter; III = spätes Schulkindalter, IV = Pubeszenz, V = Adoleszenz, VI = frühes Erwachsenenalter, VII = mittleres Erwachsenenalter, VIII = spätes Erwachsenenalter

Komponenten stehen zwar in Zusammenhang mit Talent und Veranlagung, lassen sich jedoch auch durch Training beeinflussen. Eine Verbesserung ist über die gesamte Lebensspanne hin möglich, allerdings sind in den Phasen vor der Pubertät die höchsten Steigerungen nachweisbar: „Zielgerichtete Übungsprogramme bewirken bei Grundschulkindern fast eine Verdoppelung des normalen koordinativen Leistungszuwachses" (Roth & Kröger, 2011, S. 18).

Tab. 2: Definition der Koordinationsbausteine zum Rollen und Gleiten (modifiziert nach Roth, Memmert & Schubert, 2006. S. 16)

Druckbedingungen	Rollen und Gleiten unter dem Aspekt ...
Zeitdruck	... der Zeitminimierung bzw. der Geschwindigkeitsmaximierung
Präzisionsdruck	... der Genauigkeit des Roll- und Gleitvorgangs
Komplexitätsdruck	... sukzessiver, wechselnder Anforderungen
Organisationsdruck	... simultaner, verschiedenartiger Anforderungen
Variabilitätsdruck	... wechselnder Umgebungsbedingungen

Als Systematik wird in Bezug auf Neumeier und Mechling (1995) sowie rückgreifend auf Roth (1998) die Roll- und Gleitkoordination unter verschiedenen motorischen und perzeptiven Druckbedingungen verwendet (Tabelle 2). Die phänomenologischen Eigenheiten der Roll- und Gleitsportarten (vgl. Kap. 2.1) implizieren die Tatsache, dass die perzeptiven Druckbedingungen (optische Anforderung, rhythmische Anforderung, kinästhetische Anforderung, vestibuläre Anforderung und Reaktionsanforderung) durchweg als hoch einzustufen sind. Da diese hohen Anforderungen an die Informationsverarbeitung als Herzstück aller Roll- und Gleitsportarten angesehen werden kann, beschränkt sich das Koordinationstraining bewusst auf die Variation der motorischen Druckbedingungen.

Als Methodik der Schulung von Koordinationsbausteinen gilt es, Basistechniken zu verwenden, welche von den Übenden bereits stabil beherrscht werden (vgl. Roth, 2005). Geeignet sind in diesem Kontext die Elementarformen, d. h. eine reibungsarme Fortbewegung mit einer Roll- bzw. Gleithilfe ohne Anspruch auf technisch einwandfreie Ausführung. Die Koordinationsbausteine offenbaren sich ausschließlich unter der Vielfalt der Druckbedingungen, mit denen die Basistechniken konfrontiert werden. Somit ergibt sich, analog zu der Schulung der Ballkoordination der Ballschule (vgl. Roth & Kröger, 2010), die Grundformel für die Koordinationsschulung im Roll- und Gleitbereich:

Abb. 5: Grundformel für die Koordinationsschulung

2.4.2 Technikbausteine zum Rollen und Gleiten
Als einen weiteren Schwerpunkt der praktischen Übungen müssen die Technikbausteine angesehen werden. Obwohl sich die Koordinationsbausteine und Technikbausteine gegenseitig ergänzen, müssen sie in

ihrer Funktionalität doch klar unterschieden werden. Während es bei den Koordinationsbausteinen darum geht, eine dem Rollen oder Gleiten ähnliche Basissituation mit verschiedenen Druckbedingungen zu würzen, zielen die Technikbausteine darauf ab, einen Baukasten sensomotorischer Repräsentationen (oder Bausteine, oder Module) zu schaffen, aus denen sich eine Vielzahl sportartenspezifischer Techniken ableiten lässt. Als relevant zeigt sich ein Technikbaustein nur dann, wenn er nicht nur in einem sportspezifischen Fertigkeitsprofil zu finden ist, sondern wenn er wiederkehrend in den Techniken vieler Roll- und Gleitsportarten vorkommt. Nur unter diesem Gesichtspunkt kann von einer Transferleistung der Bausteine ausgegangen werden, was letztendlich die Bedingung eines Bausteinpools darstellt, da sie den Grundstock an Technikmodulen darstellen, auf den bei der spezifischen Technik einer Roll- oder Gleitsportart zurückgegriffen werden kann. Vor dem Hintergrund persönlicher Erfahrungswerte in einem Großteil der Roll- und Gleitsportarten wurden die Techniken analysiert und nach Effekten eingeteilt. So wurde beispielsweise der Effekt „Abbremsen" in unterschiedlichsten Sportarten nach den dafür benötigten Techniken untersucht, woraus eine hohe Korrelation für den Technikbaustein „Erzeugen von Reibungswiderständen" abzulesen war. Unter dieser Methode kristallisierten sich die existierenden Bausteine mit steigendem Umfang der untersuchten Sporttechniken immer deutlicher heraus. Eine besonders hohe Transferleistung darf bei Bausteinen der perzeptiven Techniken (Techniken der Wahrnehmung und der Antizipation) und der realisierenden Techniken (Techniken der Bewegungssteuerung) erwartet werden.

2.4.2.1 Technikbausteine zur Raumorientierung
Neumeier, Mechling und Strauß (2002) schreiben dem Alpinen Skilauf eine hohe optische Informationsanforderung zu, welche „entscheidend für die präzise antizipative Handlungsplanung" ist (Neumeier, Mechling & Strauß, 2002, S. 126). Hervorgerufen wird diese Besonderheit beim Skilaufen durch verschiedene Geländeformen, wie Unebenheiten, eine plötzlich auftauchende Eisplatte oder eine flache Passage am Ende eines Ziehweges, welche nur durch eine Schussfahrt zu überwinden ist, ohne auf den lästigen Stockschub zurückgreifen zu müssen. Der andere beeinflussende Faktor ist die aus der Verwendung eines Sportgeräts resultierende Geschwindigkeit der Lokomotion in Auswirkung auf das visuelle System. Durch das Rollen oder Gleiten wird der Beweger mit „vorbeifliegenden" Impressionen konfrontiert, die seine Fortbewegung in labilem Gleichgewichtszustand eventuell beeinflussen könnten und auf die er in seiner Bewegungsausführung reagieren muss. Durch das unscharfe, aber weitwinklige periphere Sehen müssen

eine Vielzahl relevanter Faktoren (wie Buckel, Eisplatten, Bewegungen anderer Skiläufer) registriert und kontrolliert werden. Faktoren, die eine unmittelbare Verhaltensänderung verlangen, rücken über die hohe Auflösungsleistung des zentral fovealen Sehens sprichwörtlich in das Zentrum des Geschehens (vgl. Brach & Jendrusch, 2003). Ein Windsurfer, der sich kurz vor dem Absprung von einer Welle befindet, ist also ganz damit beschäftigt, die Beschaffenheit und Eigenschaft der Welle zu „lesen" und über seine Leseleistung sein notwendiges Bewegungsverhalten auf dem Windsurfboard zu antizipieren, da zu diesem Zeitpunkt sein oberstes Handlungsziel die Bewältigung der Welle als Absprunghilfe sein wird. Faktoren, die sich außerhalb des zentral fovealen Sehens abspielen, sind für den Windsurfer dann nur sehr schwer zu registrieren, sodass beispielsweise eine unerwartet plötzlich auftauchende Windböe leicht zu einem Sturz führen kann.

Auf den Gesamtbereich der Roll- und Gleitsportarten übertragen lässt sich feststellen, dass man über den Aspekt der Lokomotion mit einem sich ständig veränderndem Bewegungsumfeld konfrontiert wird (seien es nun Bordsteinkanten, Buckelpisten, Kabelwellen, Windböen oder Schotterwege), was ein antizipierendes Bewegungsverhalten auf dem Roll- bzw. Gleitgerät verlangt. Als Technikbaustein formuliert sich daraus der Inhalt, in unterschiedlichsten Körperausrichtungen (dorsal, frontal und sagittal zur Bewegungsrichtung, stehend, sitzend und liegend) relevante Faktoren über das periphere und das zentral foveale Sehen zu visualisieren, um daraus konkretes Bewegungsverhalten zu antizipieren.

2.4.2.2 Technikbausteine zur Kinästhesie

In Zusammenhang mit den Konzepten zu koordinativen Fähigkeiten in den 1970er und 1980er Jahren des vorigen Jahrhunderts fand auch die sogenannte kinästhetische Differenzierungsfähigkeit zunehmend Beachtung in sporttheoretischen Fragestellungen. Sie ist im klassischen Sinn als „Leistungsvoraussetzung zu feindifferenzierten Unterscheidungen und Realisierung von Kraft-, Zeit- und Raumparametern des Bewegungsvollzuges" zu definieren (Hirtz, Hotz & Ludwig, 2003, S. 34). Neuere Betrachtungsweisen distanzieren sich jedoch von der Existenz kinästhetischer Überfähigkeiten und vermuten einen stärkeren Technikbezug, was mit der Präsenz übergreifender Technikbausteine zur Kinästhesie deckungsgleich erscheint (vgl. dazu Meinel & Schnabel, 2007).

Als übergreifender Technikbaustein erwies sich vor allem die Differenzierung zwischen dem verwendeten Sportgerät, Untergrund und in Kombination dazu mit dem daraus resultierenden Roll- und Gleitverhalten (vgl. Kap. 2.1). Verschiedene Untergründe (also Medien) erzeugen in Kontakt mit verschiedenen Roll- und Gleitflächen unterschiedliche Roll- und Gleitverhalten, unter deren Gegebenheiten der Übende sein Bewegungsverhalten kontrollieren muss.

Als Methodik werden in der Praxis folglich Untergründe und Roll- und Gleitinstrumente so variiert, dass sie unterschiedliche Roll- und Gleiteigenschaften vorweisen. Auf instrumenteller Ebene wurden Roll- und Gleitgeräte mit unterschiedlichen Freiheitsgraden verwendet. Da ein Rollbrett beispielsweise mit vier beweglichen Rollen ausgestattet ist, ergibt sich daraus eine hohe Anzahl horizontaler Freiheitsgrade, es ist als Konsequenz kaum gezielt steuerbar. Dahingegen ist ein Skateboard mit Achsen versehen, welche die horizontalen Freiheitsgrade der Rollen deutlich einschränken. Im Gegensatz zu dem Rollbrett ist das Skateboard dadurch durch Gewichtsverlagerung steuerbar. Allerdings offenbaren beide auf einer Turnmatte trägere Rolleigenschaften als auf dem harten Hallenboden, wie eben ein Ski im Tiefschnee langsamer ist, als auf einer hart präparierten Piste. Der Faktor Differenzierung des Gleitverhaltens des Skis ist dadurch von immanenter Bedeutung für die situativ anzuwendende Technik. Es ist ablesbar, dass in der sportpraktischen Realität nahezu grenzenlose Variationen der Roll- und Gleiteigenschaften aus den unterschiedlichsten Kombinationen von Untergrund, Gleitgerät und Körperposition entstehen. Genau auf solchen Grundlagen soll der Übende im Rahmen der situativen Möglichkeiten einer Sporthalle für die Beschaffenheit von Gleitgerät und Untergrund sensibilisiert werden, um daraus Konsequenzen in Form von Erweiterungen und Einschränkungen für sein Bewegungsverhalten abzuleiten.

Der Technikbaustein beinhaltet den Vorgang, instrumentelle und mediale Wechselwirkung differenziert über propriozeptive und taktile Informationen wahrzunehmen. Dadurch prägt er nachhaltig die Qualität der Ausführung motorischer Handlungen.

2.4.2.3 Technikbausteine zur Gleichgewichtskontrolle

Im Bereich der realisierenden Technikbausteine sticht die Übertragbarkeit der Gleichgewichtsorganisation heraus. „Gleichgewichtsanforderungen sind immer dann vorhanden, wenn durch Lageveränderung des Körperschwerpunktes im Verhältnis zur Stützfläche das Körpergleichgewicht gestört wird" (Hirtz, Hotz & Ludwig, 2005, S. 52). Im Hinblick auf die Tatsache, dass man sich beim Rollen und Gleiten auf labilen, begrenzten und sich bewegenden Fläche stützt und sich auf dieser fortbewegt, wird die enorme Wichtigkeit dieses Bausteins in Bezug auf sportartspezifische Anforderungen deutlich.

Genauer charakterisiert lässt sich die Anforderung als Balanciergleich-gewicht auf körperverbundenen Geräten beschreiben, was nicht bedeu-tet, dass das Gerät zwangsläufig *fest* mit dem Körper verbunden sein muss (wie z. B. ein Alpinski über die Bindung), sondern dass während der ausschlaggebenden Phase des Gleitzustandes Kontakt zu dem Gerät besteht und das Gerät bildhaft als zusätzliche Extremität funktioniert (Hirtz, Hotz & Ludwig, 2005). Je nach Ausmaß des verwendeten Gerä-tes ist die Fläche mehr oder weniger begrenzt (z. B. Skateboard, im Vergleich dazu: Windsurfboard). Bei Veränderung der bereits erwähn-ten Wechselwirkung zwischen Untergrund und Gleitgerät und der Körperposition ändert sich gleichermaßen die Labilität der Stützfläche. Ein Schlitten mit zwei parallel fixierten Kufen weist vergleichsweise geringe Freiheitsgrade in der horizontalen Bewegung auf, er „möchte" nur vorwärts oder rückwärts gleiten. Mit der typischen sitzenden Kör-perposition, welche anatomisch bedingt überwiegend Beugung und Streckung im Hüftgelenk (mit einem relativ geringen Freiheitsgrad an Innen- und Außenrotation) zulässt, ergeben sich vergleichsweise gemä-ßigte Anforderungen an das Balanciergleichgewicht. Im Gegenzug dazu weist ein Paar Schlittschuhe viel agilere Gleiteigenschaften auf. Bedingt durch die harte Eisoberfläche (geringer Gleitreibungskoeffi-zient), die leicht konvexe Form der stählernen Kufen („punktuelle" Kontaktfläche, dadurch hoher Freiheitsgrad in der horizontalen Bewe-gung) und der Tatsache, dass beide Schlittschuhe unabhängig vonein-ander kontrolliert werden müssen, ergibt sich bereits auf der Ebene unterhalb des Kniegelenks eine weitaus komplexere Situation der Gleichgewichtsorganisation. Darüber hinaus verläuft die Bewegung beim Schlittschuhlaufen in aufrechter Körperposition, die Stützfläche ist nicht, wie beim Schlittenfahren, das Gesäß, sondern die Fußsohle, der Körperschwerpunkt damit erhöht. Durch die aufsummierten Mög-lichkeiten der Gelenkbewegung ist eine hohe Anzahl an Freiheitsgra-den vorhanden, die kontrolliert werden wollen, um den Körperschwer-punkt über dem beschleunigten Gleitinstrument zu halten. Noch komplexer werden die Anforderungen, wenn sich die Bewegung nicht nur auf ein gerades Dahin-rollen beschränkt, sondern wenn zusätzlich Elemente äußerer Störung (durch Unebenheiten etc.), der Steuerung (durch Oberkörperrotation oder Körperschwerpunktverlagerung) oder gar Sprünge mit länger andauernden Flugphasen bedacht werden müs-sen. Methodisch gilt es also, die Gleichgewichtskontrolle in vielfältige Kontexte einzubetten, um über ein umfangreiches Repertoire an Situa-tionen der Vielfalt der Roll- und Gleitrealität gerecht zu werden.

Für die Gleichgewichtsorganisation ist nicht nur der Vestibulärapparat des Innenohrs zuständig ist, sondern es werden auch kinästhetische,

taktile und visuelle Informationen verarbeitet. Diese starke Wechselwirkung unterstreicht damit die Annahme, dass Technikbausteine als
Teil eines Ganzen existieren und mit ihrem Modulcharakter auch in
abgeändertem Kontext ihre Gültigkeit besitzen.

Gleichwohl herrscht auch im Bereich der Gleichgewichtskontrolle der
Grundsatz, dass die Effekte einer positiven Transferleistung mit der
Ähnlichkeit der Anforderungen steigen (vgl. Hirtz, Hotz & Ludwig,
2005). Als Gemeinsamkeit und damit auch als Technikbaustein formuliert sich die rasche Wahrnehmung des Ungleichgewichts durch verschiedene Analysatorensysteme, und dessen Ausgleich durch motorische Reaktionen.

2.4.2.4 Technikbausteine zur Roll- und Gleitkontrolle

Bei den Technikbausteinen zur Roll- und Gleitkontrolle handelt es sich
um visuell wahrnehmbare und generalisierbare Bewegungsmuster, die
der Kontrolle der Roll- und Gleitgeräte dienen. Kontrolle meint in diesem Kontext, die alltagsferne Fortbewegung (denn Rollen und Gleiten
hängt immer untrennbar mit Fortbewegung zusammen) mit all ihren
Komponenten gezielt und situationsangepasst beeinflussen zu können,
um in einem Bewegungsumfeld uneingeschränkt manövrierfähig zu
sein.

Auch wenn unter dem diversen Auftreten der Roll- und Gleitsportarten
auf den ersten Blick ebenso unterschiedliche Techniken bestehen, lässt
sich die Roll- und Gleitkontrolle doch immer in folgende Faktoren
untergliedern: Bremsen und Beschleunigen (also die Kontrolle der
Lokomotionsgeschwindigkeit), als auch Steuern (also die Kontrolle
der Bewegungsrichtung).

In Bezug auf die Technikbausteine „Bremsen" und „Beschleunigen"
muss natürlich auch die Energiekomponente des Bewegungsumfeldes
differenziert werden. Während beim Inlineskaten vor allem durch
Muskelarbeit, verpackt in die Technik des Diagonalschritts, Vortrieb
erzeugt wird, maximiert der Skiläufer seine Geschwindigkeit, je mehr
er sich der Falllinie nähert; beim Wakeboarden überlässt man die
Vortriebskraft sogar der Interaktion Dritter (indem man von einem
Boot, oder einer Liftanlage gezogen wird). Für den Technikbaustein
„Beschleunigen" eignen sich dementsprechend die Situationen, in
denen der Beweger direkt durch Bewegung sein Gleitinstrument
beschleunigt. Unter diesen Einschränkungen kann der Baustein
„Beschleunigen" als Abdruck aus Reibungswiderständen aufgefasst
werden. Blickt man über den Tellerrand des Bewegers hinaus, kann

angemerkt werden, dass sich auch das Motorboot des Wakeboarders über seine Schiffsschraube aus Reibungswiderständen abdrückt, und auch der Skifahrer muss sich zunächst Reibungswiderständen bedienen, um den Berg zu erklimmen, dessen Hangabtriebskraft er als Beschleunigungsmoment nützt. Trotzdem sind diese Arten der Beschleunigung zeitlich oder räumlich nicht unmittelbar mit dem Roll- und Gleitprozess des Bewegers verbunden, womit sie sich nur bedingt als Technikbaustein auffassen lassen.

Etwas einfacher gestaltet sich die Begründung des Bausteins „Bremsen". Auch in diesem Kontext sind Reibungswiderstände der entscheidende Faktor. Da während des Roll-/Gleitvorgangs eine Minimierung der Reibungswiderstände angestrebt wird (vgl. Kap. 2.1), gilt für eine erfolgreiche Bremsleistung im Umkehrschluss die Maximierung von Reibungswiderständen. Der Fahrradfahrer presst seine Bremsklötze auf die Felge, der Ruderer stemmt seine Skulls in das Wasser, der Snowboarder drückt seine Stahlkante in den Schnee, gemeinsam ist allen das Bestreben, einen Reibungswiderstand entgegen der Bewegungsrichtung zu erzeugen.

Nach ähnlichem Prinzip verläuft die Kontrolle der Bewegungsrichtung, als Technikbaustein „Steuern". Mit dem kleinen, aber feinen Unterschied, dass der Reibungswiderstand nicht maximiert eingesetzt werden soll, um die Fortbewegung zu stoppen, sondern dahingehend dosiert, dass eine Richtungsänderung bewirkt wird. Im Transfer auf das Gleitinstrument folgt dies einem ganz simplen Grundsatz. Betrachtet man das Roll- oder Gleitgerät aus der Vogelperspektive, lässt es sich in Bezug auf die Fortbewegungsrichtung imaginär in eine gleich große rechte, wie linke Seite teilen. Greift nun der dosiert angewendete Reibungswiderstand auf der rechten Seite des Gleitinstruments, wird die rechte Seite im Gegensatz zur linken Seite leicht gebremst, die gerade Fortbewegung wird dadurch in eine radiale Kreisbewegung (in diesem Fall eine Rechtskurve) umgelenkt. Besitzt man in der unmittelbaren Sportpraxis kein extra für Widerstände konzipiertes Gerät (wie das Paddel der Kajakfahrer), geschieht diese Technik durch Winkelveränderungen der Roll- oder Gleitfläche zum Untergrund (z. B. durch Kantenbelastung oder Umsteigen).

Der Technikbaustein zur Richtungskontrolle ist somit als dosiertes Anwenden von Reibungswiderständen zum Erzeugen einer Kreisbewegung aufzufassen.

Die Systematik der
Roll- und Gleitschule

3.1 Koordinationsbausteine der
Roll- und Gleitschule

3.2 Technikbausteine der
Roll- und Gleitschule

Kapitel

3

Zusammenfassend ergibt sich für das Rollen und Gleiten aus Bewegerperspektive ein dreigliedriges System, welches für die Ordnung der
Praxisübungen maßgebend ist. Es ist aufgeteilt in die in Kapitel 2.2
beschriebenen Motivationsaspekt über die Sinnperspektiven und die in
Kapitel 2.4 behandelten übergreifenden Koordinations- und Technikbausteine, welche die konkreten Inhalte des sensomotorischen und
emotionalen Systems darstellen. Der Leitgedanke, welcher hinter dieser Systematik steht, ist, ein möglichst umfassendes Bewegungsgefühl
(vgl. Kap. 2.3) zum Rollen und Gleiten zu kreieren, was sowohl die
persönlich-individuelle Identifikation mit dem der Bewegungsform
bzw. Sportart, als auch die motorische Verfügbarkeit grundlegender
Bausteine für die Bewältigung von Roll- und Gleitzuständen betrifft.
Visualisiert entsteht daraus folgende Systematik (Abb. 6):

Abb. 6: Systematik der Roll- und Gleitschule

Die folgenden Übungen sind mit einem Profil versehen, das auf einen
Blick den Anforderungscharakter und damit den *Effekt* der Übung
erkennen lässt. Es muss aber angemerkt werden, dass es wohl keine
Übung gibt, die ausschließlich nur einem Technikbaustein, Koordinationsbaustein oder einer Sinnperspektive entspricht. Vielmehr sind die
Übungen nach Schwerpunkten im Koordinations- und Technikbereich
ausgewählt. Weitere beanspruchte Faktoren und die nicht minder wich-
tigen Sinnperspektiven, welche den pädagogischen Wert der Übung
verdeutlichen, sind an Abbildung 6 angelehnt.

3.1 Koordinationsbausteine der Roll- und Gleitschule

Als Leitfaden gilt es, eine einfache Roll- oder Gleittechnik mit verschiedenen Druckbedingungen zu kombinieren, um damit spezifische Anforderungen im Umgang mit dem Roll-/Gleitphänomen zu erzeugen. Komplexere Techniken mit Druckbedingungen zu versehen würde im Anfängerbereich zu einer Überforderung führen. Dieser Zugang ist eher in der Schulung von Fortgeschrittenen zu berücksichtigen. Dieser Freiraum wiederum erlaubt es dem Lehrenden, die Komplexität der

Tab. 3: Anregung für einzusetzende Materialien

MATERIALIEN	EINSATZMÖGLICHKEIT
Gymnastikstäbe	Labiler Untergrund (unter eine Langbank gelegt) Hindernis Verbindung zu einer indirekten Energiequelle
Inlineskates	Rollgerät mit fester Verbindung zum Beweger
Kastenoberteil	Erhöhte/schräge/bewegliche Ebene Zielfläche
kleiner Kasten	Wippe (in Kombination mit einer Langbank) Zielfläche
Langbank	Erhöhte/schräge/bewegliche Ebene Wippe
Medizinbälle	Beweglicher Untergrund (unter ein Kastenoberteil/ eine Weichbodenmatte gelegt) Hindernis
Rollbrett	Rollgerät mit vielen Freiheitsgraden in der Rollrichtung
Seil	Verbindung zu einer indirekten Energiequelle („gezogen werden") Hindernis
Skateboard	Rollgerät mit Steuereigenschaften durch Kanten- belastung
Softbälle	Zusätzliche Druckbedingung (Fangen/Werfen)
Tennisbälle	Labiler Untergrund (darauf balancierend/unter eine Turnmatte gelegt)
Teppichfliesen	Gleitgerät auf dem Hallenboden und auf schrägen Ebenen (z. B. Langbank oder Kastenoberteil) Teppich nach unten!
Weichbodenmatte	Gleitgerät für mehrere Personen glatte Seite nach unten!
Zeitungspapier	Zusätzliche Druckbedingung („Zeitung vor der Brust")

Bausteinübungen auf das aktuelle Leistungsniveau der Gruppe anzu-
passen. Die dargestellten Ausprägungen des Bewegungsumfeldes mit
Hilfe eingesetzter Materialien (vgl. Kap. 2.1) sind als exemplarisch
anzusehen. Sie entsprechen jedoch der Grundausstattung einer Schul-
sporthalle, ihre Kombinationsmöglichkeiten finden ihre Begrenzung
einzig in der Phantasie des Sportlehrers.

Die Übungssammlung orientiert sich an drei verschiedenen Ordnungs-
punkten: Der wichtigste ist der angesprochene Baustein, die verschiedenen Übungen sind folglich nach Zeitdruck, Variabilitätsdruck, Organisationsdruck, Präzisionsdruck und Komplexitätsdruck geordnet.
Weiterhin tauchen die übertragenen Sinnperspektiven und die Komplexität der Übung (in den Abstufungen I bis III) und im Hintergrund dazu
verlaufende sekundäre Technikbezüge im Profil der Übung auf.

3.1.1 Koordinationsbausteine – Zeitdruck

Huskyrennen   **Komplexität: I**

Zeitdruck	Leisten	Kinästhesie

Beschreibung   Ein auf einer Teppichfliese sitzender Schüler wird von einem Mitschüler mit einem Seil gezogen und muss als Rennteam gegen andere Teams antreten.

Hinweise   • Gut geeignet für Staffelspiele
    • Fördert die Differenzierung des Verhältnisses zwischen Zugkraft und Reibung

Variationen   • Material: Rollbrett, Skateboard (Komplexität: II)
    • Körperposition: stehend (Komplexität: II)
    • Energie: mit mehreren „Huskys" (Komplexität: I)
    • Raum: Hindernisse (Slalomparcours etc.) (Komplexität II/III)

| Mattenrutschen | Komplexität: I |

| Zeitdruck | Leisten/Erleben | Kinästhesie/Orientierung |

Ein Team springt mit Anlauf auf eine mit der glatten Seite nach unten **Beschreibung** gelegte Weichbodenmatte. Durch den Impuls gleitet die Matte über den Hallenboden. Auf diese Art muss die Matte von einer bis zur anderen Hallenwand getrieben werden.

* Gut geeignet für Staffelspiele   **Hinweise**
* Die raue Oberfläche der Matte kann leicht zu Abschürfungen führen (lange Hose!)
* Flexible Teamgrößen

* Körperposition: auf der Matte darf nur stehend gelandet werden **Variationen** oder nur eine Person hockt/steht auf der Matte, die anderen Teammitglieder sind Anschieber (Komplexität II)
* Energie: die Matte darf im zirkulierenden Kreisverfahren von nur jeweils einer Person angetrieben werden (Komplexität: II)

Schubkarre   Komplexität: I

| Zeitdruck | Leisten | Kinästhesie |

Beschreibung   Ein Schüler setzt sich auf eine Teppichfliese und wird von einem Mitschüler geschoben.

Hinweise
- Gut geeignet für Staffelspiele
- Fördert die Differenzierung des Verhältnisses zwischen Schubkraft und Reibung

Variationen
- Material: Rollbrett, Skateboard, Inlineskates (Komplexität: II)
- Körperposition: auf den Knien, stehend (siehe Bild rechts), einbeinig mit seitlicher Handführung durch zwei Assistenten (Komplexität: II/III)
- Raum: Slalomparcours, Hindernisse (Komplexität: II)

Kraut und Rüben	Komplexität: I

Zeitdruck	Leisten/Erleben/Gestalten	Kinästhesie

Beschreibung

Ein Team erhält vier Rollgeräte, die alle mit einer Körperposition verbunden sind. In einer Staffel muss jeder Schüler in der entsprechenden Körperposition die zuvor festgelegte Strecke möglichst schnell bewältigen.

Hinweise

- Fördert die Differenzierung der Rollkontrolle in verschiedenen Körperpositionen

Variationen

- Körperposition: rückwärts rollen (Komplexität: II) – Energie: zu zweit auf ein Rollgerät (Komplexität: II)
- Als „Biathlon" in Kombination mit Zielwürfen (Komplexität: II)

Papierflieger Komplexität: I

| Zeitdruck/ Organisationsdruck | Leisten/Erleben | Kinästhesie |

Beschreibung
Eine Staffel muss auf Inlineskates mit einem Zeitungspapier vor der Brust bewältigt werden. Die Geschwindigkeit muss hoch genug gewählt werden, damit die Zeitung von dem Fahrtwind vor der Brust gehalten wird.

Hinweise
- Je leichter das Papier, umso einfacher wird es vom Fahrtwind gehalten
- Es sollte eine „Anlaufzone" gewährt werden, in der die Zeitung noch gehalten werden darf, bis die nötige Geschwindigkeit erreicht ist

Variationen
- Raum: Hindernisse als Slalomparcours (Komplexität: II)
- Material: zusätzlich in jeder Hand einen Ball halten (Staffelübergabe) (Komplexität: II)

3.1.2 Koordinationsbausteine – Variabilitätsdruck

Fliegender Teppich	Komplexität: I

Variabilitätsdruck	Erleben/Wagen	Gleichgewicht

Beschreibung

Eine Weichbodenmatte, auf der sich ein Schüler befindet, wird von mindestens 10 Schülern angehoben, die sich damit in Bewegung setzen und „den Teppich auf und ab fliegen" lassen. Auf ein Kommando wird die Matte von allen Schülern losgelassen.

Hinweise

- Mit niedriger Flughöhe beginnen, allmählich steigern
- Kommandos vereinbaren und unbedingt auf Absprache achten

Variationen

- Die Person auf der Matte schließt die Augen (Komplexität: II)
- Körperposition: im Sitzen, gekauert, gestreckt (Komplexität: I/II)
- Material: mit Skateboard auf der Matte (dabei die Matte nur bis auf Hüfthöhe heben, sonst droht Verletzungsgefahr durch das Skateboard; Komplexität: III)

Eiertanz **Komplexität: I**

Variabilitätsdruck	Erleben/Spielen	Gleichgewicht/ Kinästhesie

Beschreibung Die Schüler stehen auf insgesamt vier Tennisbällen. Diese labile Stütz-fläche kann als Gleitfläche dienen, welche in ihrer Ausprägung jedoch situativ (durch die Rolleigenschaft des Balles) ständig variiert.

Hinweise
- Schult die Technik der Gewichtsverlagerung auf das Standbein, wenn man über den Boden gleiten möchte

Variationen
- Material: auf jeweils nur einem Tennisball (Komplexität: II)
- Material: Kontrastfördernd mit Absprung auf Medizinbällen (Komplexität: II) – Raum/Untergrund: auf Turnmatten, Weichbodenmatten, über Langbänke (Komplexität: II/III)
- Als Fangspiel (Komplexität: II)
- Energie: in Verbindung mit Tauziehen (Komplexität: II)

Wellenreiter	Komplexität: I

Variabilitätsdruck	Erleben/Leisten	Gleichgewicht/ Kinästhesie

Ein Kastenoberteil wird auf vier große Medizinbälle gelegt, wodurch **Beschreibung** es einen gewissen Grad an Instabilität erlangt. Ein Schüler „surft" auf dem Kasten, während Mitschüler durch Wackelbewegungen am Kasten Wellenbewegungen simulieren.

- Zu kleine Medizinbälle verhindern die Beweglichkeit des Kastenteils **Hinweise**
- Gut als Miniturnier zu verpacken („Wer reitet die Welle am längsten?")
- Verlangt gute Absprache seitens der „Wellenerzeuger"

- Körperposition: einbeiniger Stand auf dem Kastenteil (Komplexi- **Variationen** tät: II/III) – Raum: in Kombination mit Zielwurfaufgaben (Komplexität: II) – mit geschlossenen Augen (Komplexität: II)

3.1.3 Koordinationsbausteine – Organisationsdruck

Gleitball	**Komplexität: II**

Organisationsdruck	Spielen	Raumorientierung

Beschreibung   Zwei Teams spielen gegeneinander Handball auf ein Tor ohne Torwart (umgedrehtes Kastenoberteil). Es darf nicht gedribbelt werden, der Ball darf maximal drei Sekunden gehalten werden. Ein Fuß befindet sich allerdings auf einer Teppichfliese, es wird also nicht gelaufen, sondern geglitten!

Hinweise
- Auf ein definiertes Spielfeld (eventuell mit Zone) und klare Regeln achten! – Trikots/Parteibänder erleichtern die Orientierung erheblich!
- Maximal 5er-Mannschaftsgrößen

Variationen
- Raum: auf einen Basketballkorb, als Fußball auf ein Fußballtor, als Ball-über-die-Schnur

Tandem	Komplexität: II

Organisationsdruck	Leisten/Gestalten	Rhythmus

Teams in Zweiergruppen sollen das Gleiten auf jeweils drei Teppich- **Beschreibung**
fliesen möglichst effektiv gestalten. Die Schwierigkeit liegt darin in
der Organisation eines einheitlichen Rhythmus.

- Eignet sich gut als Staffelspiel (dann zusätzlich Zeitdruck)   **Hinweise**

- Körperposition: rückwärts, seitwärts (Komplexität: II)   **Variationen**
- Raum: Hindernisse im Streckenverlauf (Komplexität: III)

Tuberide   Komplexität: I

Organisationsdruck   Leisten/Erfahren   Raumorientierung

Beschreibung   Durch acht oder mehr Schüler, welche sich gegenüberstehen und die gehaltenen Hände nach oben strecken, wird eine „Tube" (ein Wellentunnel) simuliert, durch welche der „Surfer" auf einem Skateboard gleiten soll.

Hinweise
- Durch das begrenzte Raumangebot in der „Tube" muss der Surfer seine Körperposition der „Welle" anpassen
- Rollbretter sind ungeeignet, da sie keine Steuereigenschaften aufweisen

Variationen
- Raum: Minimierung durch engere Position der Schüler zueinander, Distanzmaximierung durch erhöhte Anzahl an Schülern; die Tube kann auch als Kurve gestaltet werden, durch die der Surfer manövrieren muss (Komplexität: II)
- Raum: durch eine „La-Ola"-Wellenbewegung kann die Welle hinter dem Surfer brechen (Komplexität: I)

3.1.4 Koordinationsbausteine – Komplexitätsdruck

Lillehammer	Komplexität: I

Komplexitätsdruck	Leisten/Erfahren	Raumorientierung/ Kinästhesie

Eine in Schrittabstand ausgelegte Reihe an Teppichfliesen dient als **Beschreibung** sukzessiv wechselnde Kontaktfläche für einen Schüler, der nach einer Anlaufphase auf jeder Fliese im Skating-Stil eines Langläufers eine kurze Gleitphase erlebt.

- Auf genügend Anlaufgeschwindigkeit achten, damit eine Gleitphase **Hinweise** erreicht wird
- Auf flaches Anspringen der Teppichfliesen achten

- Raum: Pylonen, in unterschiedlich diagonaler Verlängerung zu den **Variation** Teppichfliesen, stellen wechselnde Ziele dar, die während jeder Gleitphase erreicht werden müssen (Komplexität: III)

Ballsalat   **Komplexität: I**

Komplexitätsdruck	Leisten/Erfahren/Spielen	Gleichgewicht

Beschreibung Ein Schüler steht auf vier Tennisbällen (vgl. Übung *Eiertanz*, S. 52), ein Spielpartner steht ihm gegenüber und wirft ihm mit einem Softball Pässe in unterschiedlicher Höhe zu.

Hinweise
- Zu Beginn den Abstand nicht zu groß wählen
- Leichte Bälle bevorzugen

Variationen
- Passspiel und Fangen nur mit der „schwachen" Hand (Komplexität: II)
- Untergrund: beide Beteiligten stehen auf Tennisbällen (Komplexität: II)
- Körperposition: Werfen hinter dem Rücken, zwischen den Beinen, etc. (Komplexität: III)

Wippe	Komplexität: III

Komplexitätsdruck	Erfahren/Wagen	Gleichgewicht

Aus einem kleinen Kasten und einer Langbank wird eine Wippe konstruiert. Da der Schüler auf der Wippe auf einer Teppichfliese steht, wird er je nach Winkelveränderung der Langbank durch die Schüler an deren Ende nach links, bzw. nach rechts gleiten. **Beschreibung**

- Unbedingt auf ausreichende Mattensicherung und Hilfestellung achten **Hinweise**
- Ruckartige Winkeländerung der Langbank vermeiden

- Körperposition: in der Hocke, liegend, sitzend (Komplexität: II) **Variation**

Homo erectus   Komplexität: II

| Komplexitätsdruck | Erleben/Leisten | Gleichgewicht/ Körperposition |

Beschreibung   Ein Schüler beschleunigt ein Rollbrett in kniender Position. Während der Rollphase muss er seinen Körper in eine aufrecht stehende Position bringen.

Hinweise
- Schult die Rollkoordination in verschiedenen Körperpositionen
- Mit langsamer Rollgeschwindigkeit beginnen, allmählich steigern
- Einseitiges Belasten des Rollbretts verursacht Kippen!

Variationen
- Umgekehrte Reihenfolge: vom Stand in den Kniestand (Komplexität: II)
- Material: Skateboard (Komplexität: III, wegen geringerer Fläche des Skateboards)

Sitzlandung	Komplexität: II

Komplexitätsdruck	Erleben/Leisten	Raumorientierung

Ein Schüler mit Inlineskates fährt auf ein positioniertes Skateboard zu **Beschreibung** und soll seinen Körperschwerpunkt soweit absenken, dass er sich beim Überfahren des Skateboards darauf setzen kann und seine Rollphase damit fortsetzt.

* Vorbereitend bietet sich an, das Rollen in gehockter Position zu Üben **Hinweise**
* Nach vorne gestreckte Arme verhindern ein frühzeitiges Umkippen nach hinten

* Raum: 2 Medizinbälle auf dem Skateboard erleichtern die Übung **Variationen** (Komplexität: I)
* Energie: das Skateboard wird von einem Schüler in den Raum gerollt und muss von dem Schüler auf Inlineskates eingeholt werden (Komplexität: III)
* Die Anfahrtsgeschwindigkeit muss so hoch gewählt werden, dass während der Rollphase auf dem Skateboard der Körper wieder aufgerichtet werden kann (Komplexität: III)

Stützflug	Komplexität: II

Komplexitätsdruck	Erleben/Leisten	Raumorientierung

Beschreibung Zwei Kastenoberteile mit Skateboards formen eine Gasse. Der Schüler nimmt Anlauf auf die Kastengasse, stützt sich beim Erreichen auf die Skateboards, zieht seine Beine zur Brust und rollt so ohne Bodenkontakt durch die Gasse.

Hinweise
• Darauf achten, dass die Skateboards parallel und mittig zu den Kastenoberteilen ausgerichtet sind

Variationen
• Material: Anlauf mit Inlineskates neutralisiert fehlende Stützkraft in der Gasse (Komplexität: II)
• Raum: Hindernisse in der Gasse (z. B. Medizinball) (Komplexität: III)

3.1.5 Koordinationsbausteine – Präzisionsdruck

Gleitflug	**Komplexität: III**

Präzisionsdruck	Wagen/Gestalten	Raumorientierung

Durch zwei in einer Sprossenwand eingehängte und durch einen klei- **Beschreibung**
nen Kasten fixierte Langbänke entsteht eine schräge Ebene, die in
einer Weichbodenmatte endet. Ein Schüler gleitet auf einer Teppichfliese die Ebene hinab und springt als Abschluss auf die Weichbodenmatte.

- Mit geringem Neigungswinkel beginnen, allmählich steigern   **Hinweise**
- Unbedingt auf ausreichend Hilfestellung und Mattensicherung achten
- Hoher Wagnisfaktor

- Körperposition: sitzend, in der Hocke, auf einem Bein, seitwärts, **Variationen**
  rückwärts
- Als „Sprungcontest": der kreativste Sprung („Rotations", „Grabs")
  gewinnt

Rutschpartie   Komplexität: I

Präzisionsdruck   Leisten/Erleben   Raumorientierung

Beschreibung   Auf einer Linie ist eine Reihe Teppichfliesen ausgelegt, auf welche die
Schüler Anlauf nehmen und diese als Gleitfläche nutzen.

Hinweise
- Durch die beschränkte Gleitfläche der Teppichfliese ist die Ziel-
genauigkeit des Absprungs auf die Teppichfliese enorm wichtig
- Auf einen flachen, weiten Absprung achten

Variationen
- Distanzmaximierung: wer gleitet am weitesten?
- Material: Skateboard oder Rollbrett mit zunächst langsamen Anlauf
beginnen (Komplexität: III)

Übersteiger	Komplexität:I

Präzisionsdruck	Leisten/Gestalten	Raumorientierung/Gleichgewicht

Auf einer Turnmatte ist ein Sprungseil ausgelegt, das der Schüler durch **Beschreibung** „Kippeln" auf dem Skateboard überqueren muss.

* Durch die Turnmatte werden die Rolleigenschaften des Skateboards **Hinweise** entschärft
* Auch als Staffel als Bestandteil innerhalb eines Parcours geeignet

* Untergrund: ohne Turnmatte (Komplexität: II) **Variationen**
* Raum: als fortlaufende Hindernisreihe an ausgelegten Seilen (Komplexität: II)

Boardflip	**Komplexität: II**

Präzisionsdruck	Leisten/Gestalten	Raumorientierung/ Gleichgewicht

Beschreibung
Das Skateboard liegt mit den Achsen nach oben zeigend auf dem Fuß-spann eines Schülers. Während der Schüler hochspringt, verpasst er dem Skateboard mit seinem Fußspann einen Drehimpuls um dessen Mittellängsachse. Nach einer 180° Rotation („Flip") landet der Schüler auf dem Skateboard.

Hinweise
• Durch den Sprung des Schülers (und damit durch den Impuls über den Fußspann) vollzieht sich der Flip nahezu selbstständig
• Eine Turnmatte entschärft die Rolleigenschaften des Skateboards

Variationen
• Untergrund: ohne Turnmatte (Komplexität: III)
• Raum: als Tiefsprung von einem Kastenoberteil auf eine Turnmatte (Komplexität: III)
• Mit den Achsen nach unten als 360°-Flip (Komplexität: III)

3.2 Technikbausteine der Roll- und Gleitschule

Mit erstem Blick auf die Darstellungsform mag kaum ein Unterschied zu den bereits bekannten Übungen erkannt werden, wodurch sie jedoch nicht mit den Übungen der Koordinationsbausteine verwechselt werden dürfen! Deswegen soll an dieser Stelle nochmals in aller Kürze der Unterschied zwischen Koordinations- und Technikbausteinen erwähnt werden. Bei den Koordinationsbausteinen ist die Ausprägung des Roll- bzw. Gleitphänomens mit noch keiner weiterführenden Bedeutung belegt, zentral ist dabei aus Bewegerperspektive nur seine Präsenz im Angesicht wechselnder Druckbedingungen. Im Gegenzug dazu richten die Technikbausteine den Fokus auf die technikrelevante Ausprägung des in der Übung auftauchenden Roll- bzw. Gleitphänomens als Folgerung zu der in Kapitel 2.4.2 beschriebenen Theorie von übergreifenden Technikmodulen im Sport. Für die Praxisanwendung eignen sich folglich die Technikbausteinübungen eher für den Hauptteil einer Unterrichtseinheit, während die Koordinationsbausteine auch gutes Einstiegspotenzial besitzen. Oberstes Kriterium ist die Zuordnung der Übungen zu einem bestimmten Technikbaustein. Dort taucht jedoch nicht nur der Oberpunkt des Technikbausteins auf, sondern seine spezifische Ausprägung (z. B. Roll- & Gleitkontrolle – Bremsen). Daneben finden sich, bekannt von den Koordinationsbausteinen, die Sinnperspektive und die Druckbedingungen wieder.

Tab. 4: Übersicht der Technikbausteine

Gleichgewichts-kontrolle	Raum-orientierung	Kinästhesie	Roll- & Gleitkontrolle
– Bei labilem Untergrund	– In der Horizontalen	– Bei variierenden Materialien/ Reibungswiderständen	– Abdruck aus Reibungswiderständen
– Bei indirekter Antriebsenergie	– In der Vertikalen		– Kantenbelastung
– Bei variierender Antriebsenergie	– Im freien Fall	– Bei schrägen Ebenen	– Oberkörperrotation
– Bei variierender Fortbewegungsrichtung	– Beim Beschleunigungsimpuls	– Bei parallel gleitenden Geräten	– Steuern bei indirekter Antriebsenergie
– Der Fliehkraft	– Unter Zeitdruck	– Der KSP-Verlagerung	– Beschleunigung bei indirekter Antriebsenergie
– Beim Bremsen und Beschleunigen	– Bei Hindernissen	– Bei unebenem Untergrund	– Erzeugen von Reibungswiderständen
– In schräger Ebene		– Der Kurvenlage	– Kurveninnenlage
			– Hoch-Tief-Bewegung

Auch die verwendeten Materialen grenzen sich nicht bedeutend von denen der Koordinationsübungen ab, schließlich greift bei bei beiden die Devise: „die Vielfalt (an Bewegungsumfeldern) macht's". Charakteristisch – und darin bestätigen sich die theoretischen Vorannahmen – ist tatsächlich die Konzeption der Übungen nach ihren spezifischen Effekten in Bezug auf den Ausführenden und den Sportbereich Rollen und Gleiten.

3.2.1 Technikbausteine – Gleichgewicht

Indoboard	**Komplexität: II**

Gleichgewicht – labiler Untergrund	Leisten/Gestalten	Präzisionsdruck

Ein Schüler steht auf einem Indoboard (je nach Fabrikat auch Rola-board genannt) und wird von einem Mitschüler stabilisiert. — **Beschreibung**

- Das Indoboard erschwert die Gleichgewichtskontrolle durch seine extrem labile Stützfläche und hilft, typische Ausgleichsbewegungen durch Körpergewichtsverlagerung auszuprägen — **Hinweise**
- Das Indoboard kann durch ein auf einen Medizinball gelegtes Skateboard oder Rollbrett ersetzt werden

- Körperposition: im Sitzen, in der Hocke (Komplexität: II) — **Variationen**
- Raum: zwei Schüler auf Indoboards stabilisieren sich gegenseitig (Komplexität: III)
- Material: ein Schüler steht parallel auf zwei Indoboards (Komplexität: III)
- Als Kreativaufgabe: Drehungen auf dem Indoboard, einbeinig, etc. (Komplexität: III)

Rutschmagnet   Komplexität: I

| Gleichgewicht – indirekte Antriebsenergie | Leisten/Erleben | Organisationsdruck |

Beschreibung

Zwei Schüler auf Teppichfliesen hangeln sich mittels eines Sprungseils aufeinander zu.

Hinweise

• Über die arhythmisch wechselnde, indirekte Antriebsenergie durch Zug am Seil wird die Gleichgewichtskontrolle bei ziehender Antriebskraft gefördert

Variationen

• Körperposition: Sagittalachse zur Bewegungsrichtung, auf einem Bein (Komplexität: II)
• Raum: auf einer Langbank (Komplexität: II)

Molekularbewegung	Komplexität: II

Gleichgewicht – variierende Antriebsenergie	Leisten/Erleben	Variabilitätsdruck

Beschreibung

Um einen Schüler auf einem Rollbrett bilden mehrere Schüler einen Kreis. Der Schüler auf dem Rollbrett wird nun ohne Vorankündigung in unterschiedliche Richtungen beschleunigt.

Hinweise

- Mit kleinem Abstand beginnen, allmählich vergrößern
- Eine tiefer Körperschwerpunkt erleichtert die Gleichgewichtskontrolle
- Durch die variierende Antriebsrichtung wird das Halten des Körperschwerpunkts über der Gleitfläche provoziert

Variationen

- Körperposition: sitzend, kniend, gekauert, gestreckt, enge/weite Fußstellung (Komplexität: II)
- Energie: nur das Rollbrett anschieben, die Person dabei nicht berühren (Komplexität: III)
- Mit geschlossenen Augen (Komplexität: III)

Pendel   **Komplexität: II**

Gleichgewicht –
variierende Fortbewegungsrichtung   Leisten/Erleben   Variabilitätsdruck

Beschreibung   Ein Schüler auf einem Skateboard wird wie ein Pendel von zwei Schülern hin- und hergeschoben.

Hinweise   • Abstand zwischen den Schülern nicht zu eng wählen

Variationen   • Mit geschlossenen Augen (Komplexität: II/III)
   • Material: Inlineskates, Rollbrett
   • Raum: Der Schüler auf dem Skateboard muss einen Luftballon in der Luft halten, der den Boden nicht berühren darf (Komplexität: III)

Meteorit	Komplexität: II

Gleichgewicht – Fliehkraft	Leisten/Erleben	Organisationsdruck

Ein Schüler mit einem Gymnastikstab beschleunigt einen Partner auf eine Kreisbahn, indem er ihn zunächst hinter sich herzieht und dann beginnt, eine sich verkleinernde Kreisbahn einzuschlagen, bis er den Mittelpunkt der Kreisbahn vom rollend-kreisenden Partner darstellt. **Beschreibung**

- Die Auftaktbewegung erfordert etwas Übung **Hinweise**
- Durch die Kreisbewegung treten Fliehkräfte auf, die durch Körperschwerpunktverlagerung ausgeglichen werden müssen

- Material: Skateboard, Inlineskates (bei Inlineskates eignet sich **Variationen** wegen der frontalen Ausrichtung zur Bewegungsrichtung ein Seil besser als Zugelement)
- Körperposition: sitzend, kniend, kauernd (Komplexität: II)
- Mit Abschuss: Partner verlässt die Kreisbahn und wird von der Fliehkraft nach außen geschleudert, indem er den Gymnastikstab loslässt (Komplexität: III)

Schleuder   Komplexität: II

Gleichgewicht –
Bremsen & Beschleunigen   Leisten/Erleben/Spielen   Variabilitätsdruck

Beschreibung   Jeweils zwei Schüler mit einem Seil stehen sich gegenüber und „katapultieren" sich – über Spannungsaufbau am Seil – einen Schüler auf einem Skateboard gegenseitig zu.

Hinweise   • Je länger das Seil, umso länger der Beschleunigungsweg
    • Fördert die Gleichgewichtskontrolle bei passiven Beschleunigungs- und Abbremsvorgängen

Variationen   • Material: Inlineskates
    • Raum: Senkrecht zur Bewegungsrichtung des Skateboarders schmettern sich zwei Schüler einen Luftballon zu, den der Skateboarder ohne den Boden zu berühren, fangen muss („Schweinchen in der Mitte") (Komplexität: III)

Zickzack	Komplexität: II

Gleichgewicht – Richtungswechsel	Leisten/Erleben	Variabilitätsdruck

Eine umgedrehte Langbank auf Gymnastikstäben stellt einen bewegli- **Beschreibung**
chen Untergrund dar, auf dem ein Schüler balanciert. Zwei Schüler an
den Enden der Bank sorgen für einen variierenden Richtungswechsel.

* Matten unter den Gymnastikstäben schützen den Hallenboden und **Hinweise**
  die Schüler
* Fördert die Gleichgewichtskontrolle bei Richtungswechsel

* Körperposition: sitzend (ohne festzuhalten), kauernd, gestreckt, ein- **Variationen**
  beinig
* Mit geschlossenen Augen (Komplexität: III)

3.2.2 Technikbausteine – Raumorientierung

Tarzan   **Komplexität: I**

Raumorientierung	Leisten/Erleben	Präzisionsdruck

Beschreibung   An einem Deckentau schwingen die Schüler auf Teppichfliesen zu, welche am Scheitelpunkt der Flugparabel ausgelegt sind. Die zweite Hälfte der Flugparabel gleiten die Schüler auf der Teppichfliese.

Hinweise   • Während der Schwungphase muss der Ankunftspunkt an der Teppichfliese antizipiert werden und das Körpergewicht zum richtigen Moment auf die Gleitfläche verlagert werden
                      • Wird das Tau zu weit unten gegriffen, wird die Teppichfliese mit viel Rücklage erreicht (siehe Bild links)

Variationen   • Material: Rollbretter, Skateboards
                      • Distanzmaximierung: auf dem Gleitgerät wird das Tau losgelassen und versucht so weit wie möglich zu gleiten (Komplexität: II)
                      • Mit Anschwung von einem Kasten (Komplexität: II, starker Bezug zum Sinnbereich Wagnis)

Cutback	Komplexität: III

Raumorientierung – Vertikale	Leisten/Erleben	Präzisionsdruck

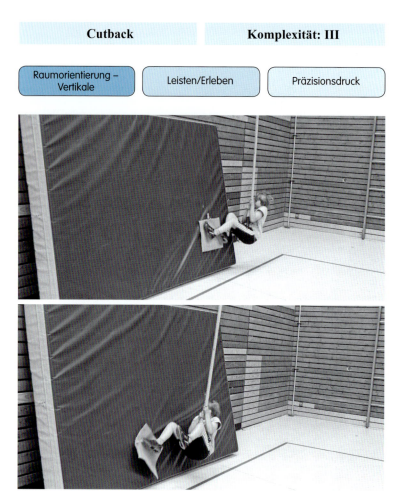

Am Scheitelpunkt einer Schwungparabel eines Deckentaus wird eine **Beschreibung**
Weichbodenmatte aufgestellt, an deren Ende eine Teppichfliese auf
Hüfthöhe geklebt wird. Ein Schüler schwingt auf die Matte zu, muss
den Kontaktpunkt an der Teppichfliese antizipieren und gleitet wie ein
Wellenreiter an der Matte entlang.

- Je spitzer der Winkel des Schülers zur Matte ist, umso einfacher **Hinweise**
  gelingt die Übung
- Die Bewegung ist meist ungewohnt und erfordert etwas Übung
- Fördert die Raumorientierung in vertikalen Ebenen

- Distanzmaximierung: steigende Höhe der Teppichfliese **Variationen**
- Material: von einem Schüler wird ein Skateboard an die Matte
  gehalten

Boardslide   **Komplexität: III**

Raumorientierung –
freier Fall

Leisten/Wagen

Präzisionsdruck

Beschreibung   Ein Schüler „slidet" auf einem Skateboard über eine Langbank. Er wird von zwei Schülern links und rechts gezogen. Seine Aufgaben bestehen darin, das Ende der Langbank zu antizipieren, das Skateboard mit einer 90°-Drehung in Fahrtrichtung zu steuern sowie auf dem Skateboard zu landen.

Hinweise
- Unbedingt auf ausreichend Mattensicherung achten
- Die ziehenden Schüler müssen den Skateboarder bis nach der Landung stabilisieren
- Zu zaghaftes Ziehen erschwert den Sprung und die Landung

Variationen
- Raum: auf schräger Ebene, wenn die Langbank einseitig auf einen kleinen Kasten gestellt wird (Komplexität: III)
- Energie: der Skateboarder wird mit einer hinter seinem Rücken befindlichen Turnmatte von zwei Schülern angeschoben. Dadurch wird das Ausrutschen nach hinten bei der Landung verhindert (Komplexität: III)

Boule	Komplexität: II

Raumorientierung – Impulskontrolle	Leisten/Spielen	Präzisionsdruck

Zwei Schüler auf Skateboards fungieren als „Boulekugeln" und müs- **Beschreibung**
sen vom jeweiligen Team mit einem entsprechenden Beschleunigungsimpuls angeschoben werden, damit sie möglichst nahe an das „cochon"
(Schweinchen) rollen. Das nächstgelegene Team erhält einen Punkt.

* Sensibilisiert das Verständnis von Beschleunigungsimpuls zu Raum- **Hinweise**
  distanz
* Abstand zu dem „cochon" nicht zu klein wählen

* Material: Inlineskates **Variationen**
* Der Impulsgeber schätzt die Weite zu dem „cochon" ein und gibt
  den Bewegungsimpuls mit geschlossenen Augen (Komplexität: II)

Niederschlag   **Komplexität: III**

Raumorientierung unter Zeitdruck	Leisten/Spielen	Zeitdruck

Beschreibung

Ein Schüler mit einem Basketball und sein Partner – startbereit auf einem Skateboard – sind auf einer Linie positioniert. Der Ball wird in einem Schockwurf von unten in eine festgelegte Zone (z. B. halbes Volleyballfeld) geworfen. Sobald der Ball in der Luft ist, darf der Partner mit seinem Skateboard starten. Er muss den Ball nach zweimaligem Bodenkontakt erreicht haben.

Hinweise

- Mit vergrößerter Landezone steigt der Schwierigkeitsgrad der Übung
- Bei flacher Flugkurve des Balles ist die Übung kaum zu realisieren

Variationen

- Material: Inlineskates, Badmintonbälle und Schläger
- Raum: vergrößerte Landezone (Komplexität: III)
- Als Brennballvariante mit der Grundidee: während der Schüler mit dem Skateboard versucht, den Ball zu erreichen, muss jeweils ein Schüler des anderen Teams (Ballpartei) versuchen, die Halle zu umrunden; Wurfzone und -höhe müssen reglementiert werden. Wird eine Station (jeweils eine aufgestellte Weichbodenmatte in den vier Hallenecken) erst nach dem Ballkontakt vom Skateboarder erreicht, ist die Person „verbrannt" (Komplexität: III)

Mauersprung	Komplexität: II

Raumorientierung – Hindernis	Leisten/Erleben	Präzisionsdruck

Ein Schüler fährt mit unterschiedlicher Geschwindigkeit auf ein Hindernis – bestehend aus zwei Medizinbällen – zu, die er überwinden muss. Während der Fahrt muss er den Zeitpunkt für seinen Absprung antizipieren, damit er das Hindernis bewältigen kann. **Beschreibung**

- Auf eher vertikale, statt horizontale Absprungrichtung achten (erkennbar an der Stärke, mit der das Skateboard nach hinten weggestoßen wird) **Hinweise**

- Material: Inlineskates **Variationen**
- Raum: steigende Höhe des Hindernisses (Komplexität: III)
- Raum: ein zweites Skateboard, auf dem nach dem Hindernis gelandet werden muss (Komplexität: III)

Wiener Walzer   **Komplexität: II**

Raumorientierung – Kreisbewegung   Leisten/Erleben   Organisationsdruck

Beschreibung Ein Schüler fährt auf Inlineskates auf einen Mitschüler zu, der auf einem Medizinball steht. Der Inlineskater wird durch eine extrem offene Stellung der Inlineskates in eine Kreisbahn gelenkt und dabei vom Mitschüler unterstützt. Nach einer 180°-Kurve verlässt der Inlineskater die Kreisbahn wieder.

Hinweise
- Gut als Wendepunkt für Staffelspiele geeignet
- Die offene Stellung der Inlineskates muss unter Umständen zuerst geübt werden
- Auf Beidseitigkeit der Drehrichtung achten

Variationen
- Raum: ohne Hilfestellung, mit möglichst großem/kleinem Radius (Komplexität: III)
- Kreisbahn nach 90°/270°/360° verlassen (Komplexität: II)

3.2.3 Technikbausteine – Kinästhesie

Freie Wahl	Komplexität: I

Kinästhesie – variierende Materialien	Erleben/Gestalten	Variabilitätsdruck

Beschreibung

Die Schüler werden auf unterschiedlichsten Materialien (vgl. Tab. 2) in unterschiedlichsten Körperpositionen gezogen. Der Kreativität sind dabei keine Grenzen gesetzt.

Hinweise

- Fördert die Differenzierung der materialtypischen Gleiteigenschaften in Zusammenhang mit verschiedenen Körperpositionen
- Spricht die Kreativität der Schüler im Umgang mit den Materialien an
- Starker Bezug zu den Gleichgewichtsbausteinen

Variationen

- Körperpositionen: sitzend, kniend, stehend, liegend, gekauert gestreckt (Komplexität: I/II)
- Material: alle verfügbaren Roll- und Gleitgeräte
- Energie: schieben (Komplexität: II)

Abfahrt	Komplexität: II

Kinästhesie – Gleiten in schräger Ebene	Leisten/Erleben	Präzisionsdruck

Beschreibung Ein Schüler 1 steht auf einer Teppichfliese und wird von zwei weiteren Schülern eine schräge Ebene (Kastenoberteil einseitig auf eine Langbank aufgebockt) hinuntergezogen.

Hinweise
- Fördert die Differenzierung von Gleiten im Gefälle zum Gleiten auf der Geraden
- Auf ausreichende Mattensicherung und Hilfestellung achten

Variationen
- Energie: mit Anlauf auf der Langbank und (flachem!) Sprung auf die Teppichfliese (Komplexität: III)
- Energie: mit Anlauf parallel zur Langbank und abschließendem Sprung auf das Kastenoberteil (Komplexität: III)
- Raum: Neigungswinkel des Kastenoberteils verändern (Komplexität: II)
- Mit Drehungen während der Gleitphase (Komplexität: III, hohe Anforderung an die Raumorientierung)

Mattenski	Komplexität: II

Kinästhesie – Gleiten auf parallelem Gleitgerät	Leisten/Erleben	Organisationsdruck

Auf Turnmatten gelegte Gymnastikstäbe stellen die Gleitfläche für **Beschreibung**
zwei „Skier" dar. Ein Schüler stellt sich auf zwei Holzbretter und wird
an einem Seil über die „Skipiste" gezogen.

- Simuliert ein skiähnliches Gleitgefühl auch ohne Schnee **Hinweise**
- Fördert die Differenzierung zwischen großer und kleiner Gleitfläche (Teppichfliese)

- Energie: mit Anlauf auf die Bretter springen und über die Matten **Variationen**
gleiten (Komplexität: II)
- Direkte Differenzierung: hinter den Matten liegt eine Teppichfliese,
auf der im direkten Übergang weitergeglitten wird (Komplexität: III)
- Während der Gleitphase soll ein Sprung mit einer 180°-Drehung
vollzogen werden, damit rückwärts weitergeglitten wird (Komplexität: III)

Hochstapler **Komplexität: I**

| Kinästhesie – verschiedenen Ebenen | Leisten/Erleben | Organisationsdruck |

Beschreibung   Eine Langbank wird als erhöhte Ebene verwendet. Sie soll sowohl als Antriebs- als auch als Gleituntergrund verwendet werden.

Hinweise   • Fördert die Flexibilität der Druckverlagerung über die Beine

Variationen   • Material: Inlineskates, Rollbretter, Skateboards, Teppichfliesen
• Energie: kleine, kurze, schnelle Schritte/weite, raumgreifende Schritte (Komplexität: II)
• Gleitphase maximieren und das Antriebsbein sichtbar vom Untergrund abheben (Komplexität: II)

Toter Mann	Komplexität: I

Kinästhesie – Körperschwerpunkt	Erleben/Wagen	Variabilitätsdruck

Um einen Schüler auf einem Skateboard wird ein Kreis gebildet. Der **Beschreibung**
Schüler auf dem Skateboard muss sich von seinen Mitschülern aus
dem Gleichgewicht bringen lassen und dabei seine Beine auf dem
Skateboard halten.

- Lässt den Zusammenhang zwischen Körperschwerpunktverlage-   **Hinweise**
  rungen und Gewichtsbelastung auf dem Gleitgerät erkennen
- Ausgelegte Turnmatten verhindern ein Wegrutschen des Skateboards
- Kreis nicht zu groß wählen

- Material: Inlineskates   **Variationen**
- Mit geschlossenen Augen (Komplexität: II)
- Raum: Die Schüler, die den Kreis bilden, halten alle einen aufge-
  blasenen Pezziball vor der Brust. Der Schüler in der Mitte bringt
  sich nun selbst aus dem Gleichgewicht und kann sich von den
  Pezzibällen zurückfedern lassen (Komplexität: II)

Drop in   **Komplexität: III**

> Kinästhesie –
> steiler, unebener Untergrund

> Wagen/Leisten

> Komplexitätsdruck

Beschreibung   Eine Langbank und ein Sprungbrett „Kopfseite an Kopfseite" aneinander geschoben und mit einer Turnmatte überdeckt, ergeben eine kleine, abschüssige und unebene Piste. Ein Schüler wird während seines „drop in" auf einem Skateboard von zwei Mitschülern stabilisiert.

Hinweise
- Darauf achten, dass das Gewicht nicht nach hinten verlagert wird (typische Angsthaltung), sondern dass der Oberkörper „in den Abhang hinein" geworfen wird
- Fördert die Differenzierung verschiedener Untergrundbeschaffenheiten und daraus resultierende Bewegungsanpassungen
- Unbedingt auf ausreichend Mattensicherung achten

Variationen
- Material: Inlineskates
- Körperposition: sitzend, kauernd, vorwärts, rückwärts bzw. rechter oder linker Fuß vorne (Komplexität: III)

Rutschgefahr	Komplexität: II

Kinästhesie – verschiedene Reibungswiderstände	Leisten/Erleben	Variabilitätsdruck

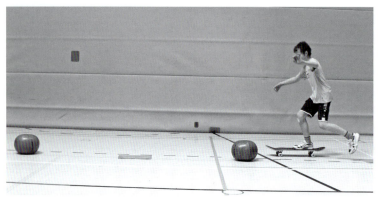

Auf einer Linie werden in ca. zwei Meter Abstand Teppichfliesen und Medizinbälle ausgelegt. Ein Schüler darf sich nur von diesen Elementen abdrücken, um sein Skateboard zu beschleunigen. **Beschreibung**

- Erklärt die Bedeutung von Reibung für die Beschleunigung
- Auf Beidseitigkeit der Fußstellung achten
- Abstände nach Leistungsvermögen differenzieren **Hinweise**

- Material: ein Inlineskate (Komplexität: II)
- Raum: mit Kurven und Ecken unter Einbezug auch von Wänden (Komplexität: III) **Variationen**

Offroad   **Komplexität: III**

Kinästhesie – wechselnde Raumbedingungen   Wagen/Erleben   Variabilitätsdruck

Beschreibung   Mit Sprungbrettern, Kasten und einem Rampenelement wurde eine Verkettung verschiedener Raumarrangements erzielt. Die Rampenkonstruktion wird mit Inlineskates abgefahren, ein Deckentau hilft als Sicherheitsleine.

Hinweise   • Fördert die Differenzierung wechselnder Untergrundbeschaffenheiten über das Roll-Gerät
• Auf ausreichend Anfahrtsgeschwindigkeit achten
• Unbedingt Mattensicherung berücksichtigen

Variationen   • Material: Skateboard
• Sprung mit 180°-Drehung am Ende der Rampe (Komplexität: III)

Downhill	Komplexität: III

Kinästhesie – schräge Ebene	Wagen/Erleben	Präzisionsdruck

Zwei in eine Sprossenwand eingehängte Langbänke dienen als schräge **Beschreibung**
Ebene. Ein Schüler auf einem Skateboard zieht sich an einem Seil die
Ebene hinauf und rollt sie anschließend hinab.

- Simuliert die Beschleunigung durch Fahren in der Falllinie   **Hinweise**
- Auf ausreichend Mattensicherung achten

- Untergrund: Neigungswinkel steigern (Komplexität: III)   **Variationen**
- Material: Inlineskates (Komplexität: III)
- Körperposition: sitzend, kauernd, stehend, vorwärts, rückwärts,
  rechter/linker Fuß vorne (Komplexität: III)

Steilkurve   **Komplexität: II**

[Kinästhesie – Kurvenlage]   [Leisten/Erleben]   [Variabilitätsdruck]

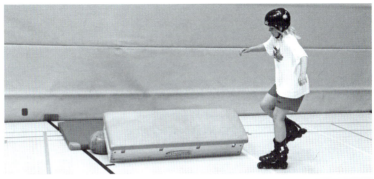

Beschreibung   Ein Kastenoberteil wird einseitig auf 3 Medizinbälle aufgebockt, die mit einer Turnmatte fixiert werden. Der Schüler fährt auf Inlineskates in einem großen Kreisbogen auf das Kastenoberteil zu und nutzt den schräggestellten Kasten als Gleitfläche für sein kurvenäußeres Bein.

Hinweise   • Verstärkt die Kurveninnenlage und damit den Eindruckscharakter der Kurvenfahrt
   • Gut für einen Slalomkurs geeignet
   • Auch mehrere Gleitflächen für eine längere Kurvenfahrt konstruierbar

Variationen   • Mit kompletter Gewichtsverlagerung auf das Kastenteil, d. h. das kurveninnere Bein wird angehoben (Komplexität: III)
   • Raum: in 2 Metern paralleler Entfernung zu dem Kasten steht ein Schüler, mit dem der Inlineskater mit seinem kurveninneren Arm abschlagen muss, was seine Kurvenlage verstärkt fördert (Komplexität: III)

3.2.4 Technikbausteine – Roll- und Gleitkontrolle

Nordische Kombination	Komplexität: I

Beschleunigen: Abdruck aus Reibungswiderständen	Leisten/Erleben	Organisationsdruck

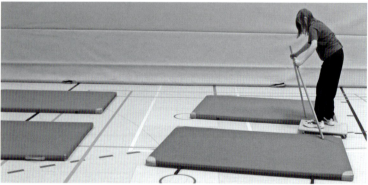

Beschreibung
Aus Turnmatten wird eine Kurvengasse gebildet, die zugleich die Abdruckfläche darstellen. Mit Hilfe von zwei Gymnastikstäben muss das Rollgerät beschleunigt werden.

Hinweise
- Großer Abstand zwischen den Turnmatten verlangt nach einer besseren Antriebstechnik, da der Reibungswiderstand des Hallenbodens zu gering für einen beschleunigenden Abdruck ist
- Auf eine energische Abdruckphase achten

Variationen
- Material: Rollbretter, Inlineskates, Skateboards
- Energie: Doppelstockschub und Diagonalstockschub (Komplexität: I)
- Körperposition: rückwärts (Komplexität: II)

Zugkraft   **Komplexität: II**

Beschleunigen: Abdruck aus Reibungswiderständen   Leisten/Erleben   Organisationsdruck

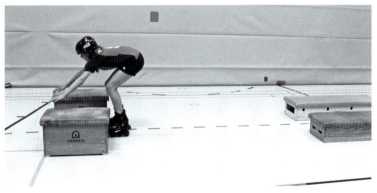

Beschreibung   Parallel zueinander gestellte Kastenoberteile und kleine Kästen stellen unterschiedlich hohe Antriebsflächen dar. Ein Schüler fährt durch die Gassen an und muss sich von deren Kante durch eine Zug-Druck-Bewegung abstoßen.

Hinweise
- Schult die Zug-Druck-Kombination zur Vortriebserzeugung
- Fördert die Umsetzung der Reibungskraft auf die Vortriebskraft

Variationen
- Material: Inlineskates, Rollbrett
- Energie: Vortrieb durch linken und rechten Arm im alternierenden Wechsel (Komplexität: II)
- Raum: Instabile Antriebsflächen (z. B. Kastenteile auf Medizinbällen) (Komplexität: III)

Kantenschleifen	Komplexität: I

Steuern: Kantenbelastung	Leisten/Erleben	Variabilitätsdruck

Aus Turnmatten wird eine Kurvengasse gebildet. Ein Schüler auf dem **Beschreibung**
Skateboard wird über zwei parallel gehaltene Gymnastikstäbe von
zwei Mitschülern beschleunigt und stabilisiert. Der Skateboarder soll
nur über Kantenbelastung (also Gewichtsverlagerung zwischen der
Ferse und den Ballen) durch die Kurvengasse manövrieren.

- Fördert die Technik der Kantenbelastung **Hinweise**
- Erklärt den Zusammenhang zwischen Kantenbelastung und Richtungssteuerung

- Körperposition: liegend, sitzend, kniend (Komplexität: II) **Variationen**
- Energie: durch eigene Beschleunigung (Anlaufzone)
  (Komplexität: II/III)
- Raum: Kurvenradius variieren (Komplexität: II)

Schleifstein	**Komplexität: I**

Steuern: Reibungswiderstand erzeugt Kreisbewegung	Leisten/Erleben	Komplexitätsdruck

Beschreibung Ein Schüler rollt kniend auf einem Rollbrett und erzeugt einen Reibungswiderstand, indem rechts oder links vom Rollbrett mit seiner Handfläche Druck auf den Boden ausübt, was in einer Kreisbewegung resultiert.

Hinweise
- Je stärker der ausgeübte Druck auf den Boden ist, desto schneller wird die Kreisbewegung erzeugt

Variationen
- Drehung nach rechts (rechte Hand bremst), Drehung nach links (linke Hand bremst) (Komplexität: I)
- 360°-Drehung: nach einer 180°-Drehung wird die Bremshand und -seite gewechselt, wodurch das Rollbrett auf 360° durchrotiert (Komplexität: II)

Don Quijote	Komplexität: III

Steuern: Oberkörperrotation	Leisten/Erleben	Komplexitätsdruck

Beschreibung

Drei Turnmatten werden so ausgelegt, dass ihre Kanten eine Kreisbahn formen (siehe Bild). Auf die mittlere der Matten wird ein Medizinball gelegt. Ein Schüler auf einem Skateboard – mit einem Gymnastikstab in beiden Händen – fährt in Verlängerung der ersten Matte an. Er soll seine Kurvenfahrt auf Höhe der Matten durch eine weit ausholende, horizontale Kreisbewegung des Gymnastikstabs mit ausgestreckten Armen auf den Medizinball einleiten, indem er den Medizinball mit dem Gymnastikstab berührt.

Hinweise

- Verursacht eine (wichtige) Oberkörperrotation zum Einleiten der Kurvenfahrt
- Durch das optische Anvisieren des Medizinballs wird das Prinzip „der Kopf lenkt" veranschaulicht

Variationen

- Linkskurven als auch Rechtskurven, als auch sukzessiv wechselnde Kurven (Slalom) (Komplexität: III)

Wagenslalom	Komplexität: II

Steuern: indirekte Antriebsenergie   Leisten/Erleben   Komplexitätsdruck

Beschreibung Ein Schüler auf einem Skateboard wird von einem Partner mit einem an ein Seil geknoteten Gymnastikstab durch einen Slalomparcours („Zickzack-Kurs") aus Medizinbällen (in 4 Metern Abstand) gezogen. Der Partner umrundet die Medizinbälle jedoch nicht, sondern geht mit konstanter Geschwindigkeit eine gerade Linie zwischen den Medizinbällen.

Hinweise
- Das Skateboard soll nicht durch Umsetzen, sondern nur durch Kantenbelastung gesteuert werden
- Verdeutlicht den veränderten Handlungsspielraum durch die indirekte Antriebsenergie (erkennbar an der Körperposition von Skateboarder im linken Bild)

Variationen
- Raum: weite und enge Kurvenabstände (Komplexität: III)
- Energie: schnell – langsam – wechselnd (Komplexität: III)
- Material: Inlineskates

Kickstart	Komplexität: III

Beschleunigen: indirekte Antriebsenergie	Leisten/Erleben	Komplexitätsdruck

In einer zehn Meter langen Anlaufzone wird ein Schüler auf Inline- **Beschreibung**
skates von einem waagrecht auf Schulterhöhe gehaltenen Gymnastikstab der beiden Mitschüler beschleunigt. Am Ende der Anlaufzone
zieht sich der Inlineskater beidhändig unter dem Gymnastikstab hin-
durch, sodass durch die erzeugte Geschwindigkeit eine Reihe aus Hin-
dernissen (hier: Gymnastikstäbe) überwunden werden können.

- Fördert die Kontrolle indirekter Antriebsenergie **Hinweise**
- Starker Bezug zu den Bausteinen Gleichgewicht und Raumorientierung

- Energie: indirekte Beschleunigung durch geschoben werden; zusätz- **Variationen**
  licher Beschleunigungsimpuls durch Abdruck von der Schubfläche
  (Komplexität: III)
- Material: Skateboard
- Raum: Hindernisse variieren (z. B. enger/weiter/variierender Slalom-
  kurs aus Medizinbällen, erhöhte Ebenen aus Kastenoberteilen, etc.)

Umsteiger	Komplexität: II

Steuern: schrittweiser Wechsel der Fahrtrichtung	Leisten/Erleben	Variationsdruck

Beschreibung   Aus drei Paar jeweils parallel zueinander gelegten Gymnastikstäben wird ein Halbkreis ausgelegt. Hat der Schüler eine Gasse durchfahren, soll er die neue Fahrtrichtung einschlagen, indem er sein Körpergewicht auf den hinteren Fuß verlagert und mit dem vorderen Fuß das Board in die neue Fahrtrichtung „zieht" (siehe dazu Koordinationsbaustein Präzisionsdruck: Übersteiger).

Hinweise
- Darauf achten, dass das Skateboard nicht über Kantenbelastung, sondern durch Umsteigen gesteuert wird
- Übung beidseitig durchführen, was Fußstellung und Kurvenrichtung betrifft

Variationen
- Material: Inlineskates (Umsteiger durch Gewichtsverlagerung auf das kurveninnere Bein)
- Raum: Die Gymnastikstäbe liegen im 90° Winkel zueinander (mit 3 Gassen wird somit eine 180° Kurve gefahren) (Komplexität: III)

Parallelschwung	Komplexität: II

Steuern: Kantenbelastung – fest verbundenes Gleitgerät	Leisten/Erleben	Organisationsdruck

Ein von zwei Schülern gehaltener Gymnastikstab auf Gesäßhöhe dient einem Schüler auf Inlineskates als indirekte Vortriebsenergie. Der Inlineskater soll durch Kantenbelastung und Druckaufbau über das Schienbein und die Zehen die Inlineskates in eine alternierende Kurvenfahrt steuern. **Beschreibung**

- Die Übenden auf den taktil- und mechanorezeptorischen Eindruck hinweisen. Das jeweilige Druckgefühl an Schienbein und der Unterseite der Zehen sind Bestandteile der Qualität der Bewegungsausführung **Hinweise**

- Körperposition: „Abfahrtshocke", enge Fußstellung, hüftbreite Fußstellung, weite Fußstellung, Rückwärtsfahrt, einbeinig (Komplexität: II/III) **Variation**

Vollbremsung	**Komplexität: II**

Bremsen: Erzeugen von Reibungswiderständen	Leisten/Erleben	Präzisionsdruck

Beschreibung Der Schüler soll in einer etwa zehn Meter langen Anfahrtszone maximal beschleunigen, um in einer anschließenden festgelegten Bremszone bis zum Stillstand abbremsen, indem er mit seinem Spielbein in senkrechter Ausrichtung zu seinem Standbein Druck auf den Untergrund ausübt.

Hinweise
- Eine Gewichtsverlagerung von 60% auf dem Standbein zu 40% auf dem Spielbein erzielt das beste Bremsresultat
- Als Vorübung eignet sich einbeiniges Rollen

Variationen
- Raum: am Ende der Bremszone befindet sich eine aufgestellte Weichbodenmatte
- Raum: Bremszone minimieren (Komplexität: III)

Einer zu wenig	Komplexität: III

Steuern: minimierte Stützfläche	Leisten/Erleben	Komplexitätsdruck

Beschreibung

Ein Slalomkurs muss mit nur einem Inlineskate (Standbein) durchfahren werden. Das freie Bein (Spielbein) dient als Antriebsquelle, soll während der Rollphase jedoch keinen Bodenkontakt aufweisen.

Hinweise

- Das Spielbein kann als Gleichgewichtshilfe eingesetzt werden
- Auf Beidseitigkeit achten

Variationen

- Fahrtrichtung: rückwärts (Komplexität: III)
- Material: Skateboard (wobei das Antriebsbein nicht auf das Board gestellt werden darf; das Standbein in der Mitte des Skateboards aufsetzen!) (Komplexität: III)
- Während der Rollphase das Spielbein am Fußgelenk greifen und anfersen (Komplexität: III)

Segelflieger	Komplexität: II

Steuern: Kurveninnenlage	Leisten/Erleben	Organisationsdruck

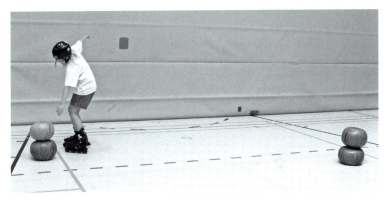

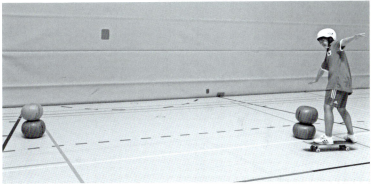

Beschreibung Ein Slalomparcours aus zwei übereinander gestellten Medizinbällen wird mit ausgebreiteten Armen durchfahren. Der Körper soll so stark in die Kurve gelehnt werden, dass die Medizinbälle touchiert werden.

Hinweise
- Bei zu langsamer Fahrt erschwert sich die Kurveninnenlage
- Zu enger Kurvenabstand macht die Durchführung der Übung unmöglich

Variationen
- Material: Skateboard (siehe Bild unten)
- Raum: Variation der Hindernishöhe: je höher das Hindernis, umso leichter und mit weniger Geschwindigkeit ist die Übung zu bewerkstelligen. Ein niedrigeres Hindernis hingegen verlangt mehr Anfahrtsgeschwindigkeit (Komplexität: I–III)

Eier sammeln	Komplexität: III

Steuern: Hoch-Tief-Bewegung/ Oberkörperrotation	Leisten/Erleben	Präzisionsdruck

Ein Slalomparcours aus zwei übereinander gestellten Medizinbällen **Beschreibung** wird mit ausgebreiteten Armen durchfahren. Mit dem kurvenäußeren Arm soll von den Medizinbällen jeweils ein Tennisball aufgesammelt werden.

- Verursacht eine Unterstützung der Kurvenfahrt durch die Oberkör- **Hinweise** perrotation
- Fördert die Kantenbelastung durch die Hoch-Tief-Bewegung des Körperschwerpunkts

- Es gelten die gleichen Variationsprinzipien wie bei der Übung **Variationen** *Segelflieger*

Literatur

Bös, K., Jekauc, D., Mees, F. & Woll, A. (2008). Sportengagements und sportmotorische Aktivität von Kindern. In W. Schmidt (Hrsg.), *Zweiter Deutscher Kinder- und Jugendsportbericht* (S. 177–191). Schorndorf: Hofmann.

Brach, M. & Jendrusch, G. (2003). Sinnesleistungen im Sport. In H. Mechling & J. Munzert (Hrsg.), *Handbuch Bewegungswissenschaft – Bewegungslehre* (S. 175–196). Schorndorf: Hofmann.

Burrmann, U. (2008). Bewegungsräume und informelle Bewegungs-Spiel- und Sportaktivitäten. In W. Schmidt (Hrsg.), *Zweiter Deutscher Kinder- und Jugendsportbericht* (S. 391–408). Schorndorf: Hofmann.

Deutscher Verband für das Skilehrerwesen e.V. (2006). *Skilehrplan Praxis.* München: BLV.

Funke-Wieneke, J. (2007). *Grundlagen der Bewegungs- und Sportdidaktik.* Baltmannsweiler: Schneider.

Funke-Wieneke, J., Hoyer, K., Maletz, M. & Miethling, W.-D. (1997). Bewegen auf Rollen und Rädern: wohin, wozu, warum? *Sportpädagogik, 21* (3), 19–23.

Geckeler, H. & Dietrich, W. (2003). *Einführung in die französische Sprachwissenschaft* (3., überarb. Auflage). Berlin: Erich Schmidt.

Götze, R. & Strauss, St. (2008). *Wave Culture – Faszination Surfen* (3. Aufl.). Rellingen: Wave Culture.

Griggs, M. (2009). Röhrenförmige Bewusstseinserweiterung. *Surfing Europe, 6* (68), 57–65.

Hagedorn, G. (1996). Philosophie des Spiels. In H. Haag (Hrsg.), *Sportphilosophie. Ein Handbuch* (S. 145–171). Schorndorf: Hofmann.

Hameyer, U. & Schlichting, F. (2002). *Entdeckendes Lernen.* Kronshagen: Körner.

Herwig, H. (2004). Die unsichtbare Welt des Gleitens. *Sportpädagogik, 28* (6), 42–44.

Hirtz, P., Hotz, A. & Ludwig, G. (2003). *Bewegungsgefühl.* Schorndorf: Hofmann.

Hirtz, P., Hotz, A. & Ludwig, G. (2005). *Gleichgewicht* (2., unveränderte Auflage). Schorndorf: Hofmann.

Hitzler, R., Bucher, T. & Niederbacher, A. (2001). *Leben in Szenen. Formen Jugendlicher Vergemeinschaftung heute.* Opladen: Leske + Budrich.

Hoffmann, J. (1993). *Vorhersage und Erkenntnis.* Göttingen: Hogrefe.

Horn, A (2009). *Bewegung und Sport. Eine Didaktik.* Bad Heilbrunn: Klinkardt.

Hossner, E.-J. (1995). *Module der Motorik.* Schorndorf: Hofmann.

Hossner, E.-J. (2004). *Bewegende Ereignisse.* Schorndorf: Hofmann.

Klafki, W. (2005). Bewegungskompetenz als Bildungsdimension. In R. Laging & R. Prohl (Hrsg.), *Bewegungskompetenz als Bildungsdimension* (Reprint ausgewählter Beiträge aus den dvs-Bänden 104 und 120) (S. 15–24). Hamburg: Czwalina.

Kröger, C. (2011). Spiel – Spiele – Spielen. In C. Kröger & W.-D. Miethling (Hrsg.), *Sporttheorie in der gymnasialen Oberstufe* (i. V.). Schorndorf: Hofmann.

Küßner, G. (2002). *Beach-Volleyball im Sportunterricht: Konzeption, Implementation und quasiexperimentelle Wirksamkeitsanalyse eines Unterrichtsmoduls für eine Trendsportart.* Hamburg: Czwalina.

Lamprecht, M. & Stamm, H. (2002). *Sport zwischen Kultur, Kult und Kommerz.* Zürich: Seismo.

Meinel, K. & Schnabel, G. (2007). *Bewegungslehre – Sportmotorik. Abriss einer Theorie der sportlichen Motorik unter pädagogischem Aspekt* (11., überarbeitete und erweiterte Auflage). Aachen: Meyer & Meyer.

Miethling, W.-D. (2001). Psychologische Grundlagen der Sportpädagogik. In H. Haag & A. Hummel (Hrsg.), *Handbuch Sportpädagogik* (2., erweiterte Auflage) (S. 280). Schorndorf: Hofmann.

Neumeier, A. & Mechling, H. (1995). Taugt das Konzept koordinativer Fähigkeiten als Grundlage für sportartenspezifisches Koordinationstraining? In P. Blaser, K. Witte & C. Stucke (Hrsg.), *Steuer- und Regelvorgänge der menschlichen Motorik* (S. 207–212). St. Augustin: Academia.

Neumeier, A., Mechling, H. & Strauß, R. (2002). *Koordinative Anforderungsprofile ausgewählter Sportarten. Analyse, Variationsprinzipien, Trainingsbeispiele zu Leichtathletik, Fußball, Judo, Alpiner Skilauf, Rudern.* Köln: Sport und Buch Strauß.

Pfaff, E. & Loch, N. (2009). Interview mit Norbert Loch, Cheftrainer und Bundestrainer im Bob- und Schlitten-Verband für Deutschland (BSD). *Leistungssport, 39* (2), 25–28.

Riepe, L. (2000). Gleiten, Fahren, Rollen – Rollsport, Bootssport, Wassersport. In E. Becker (Hrsg.), *Schulsport auf neuen Wegen – Herausforderungen für die Sportlehrerausbildung.* Butzbach-Griedel: AFRA.

Roth, K. (1998). Wie verbessert man die koordinativen Fähigkeiten? In Bielefelder Sportpädagogen (Hrsg.), *Methoden im Sportunterricht* (3., erweiterte Auflage) (S. 85–102). Schorndorf: Hofmann.

Roth, K. (2005). Koordinationstraining. In A. Hohmann, M. Kolb & K. Roth (Hrsg.), *Handbuch Sportspiel* (S. 327–335). Schorndorf: Hofmann.

Roth, K., Memmert, D. & Schubert, R. (2006). *Ballschule Wurfspiele.* Schorndorf: Hofmann.

Roth, K. & Kröger, C. (2011). *Ballschule. Ein ABC für Spielanfänger* (4., überarbeitete Auflage). Schorndorf, Hofmann.

Scherer, H. G. (2004). Gleiten. *Sportpädagogik, 28* (6), 4–24.

Schmidt, W. (2003). Kindheiten, Kinder und Entwicklung: Modernisierungstrends, Chancen und Risiken. In W. Schmidt, I. Hartmann-Tews & W.-D. Brettschneider (Hrsg.), *Erster Deutscher Kinder- und Jugendsportbericht* (S. 109–126). Schorndorf: Hofmann.

Schnabel, G. & Thieß, G. (1993). *Lexikon Sportwissenschaft: Leistung – Training – Wettkampf.* Berlin: Sport und Gesundheit.

Schwier, J. (2000). *Sport als populäre Kultur: Sport, Medien und Cultural Studies.* Hamburg: Czwalina.

Spitzer, M. (2007). *Lernen: Gehirnforschung und Schule des Lebens.* Berlin u. a.: Springer.

Stendhal (2009). *Le Rouge et le Noir.* Paris: Gallimard.

Umminger, W. (1992). *Chronik des Sports* (2., erweiterte Auflage). Dortmund: Chronik.

Völker, K. (2008). Wie Bewegung und Sport zur Gesundheit beitragen – Tracking-Pfade von Bewegung und Sport zur Gesundheit. In W. Schmidt (Hrsg.), *Zweiter Deutscher Kinder- und Jugendsportbericht* (S. 89–106). Schorndorf: Hofmann.

www.sportfachbuch.de

Weitere Bücher aus der Buchreihe

PRAXISideen

Bewegungskünste

Ein Handbuch für Schule, Studium und Verein

von Dr. Peter Kuhn / Karin Ganslmeier

Dieser Band bietet einen multimedialen Lehrgang der Bewegungskünste in den Bereichen Akrobatik, Einradfahren und Jonglieren. Neben praxisnahen Erläuterungen und anschaulichen Fotoserien beinhaltet er eine CD-ROM, auf der 125 Videoclips mit Figuren, Formen, Tricks und Präsentationsideen gezielt aufgerufen und wiederholt abgespielt werden können. Das Buch wendet sich sowohl an Lehrende als auch an Lernende in Schule, Studium und Verein.

DIN A5, 180 Seiten + CD-ROM, ISBN 978-3-7780-0091-5, **Bestell-Nr. 0091**   € 19.80

Windsurfen

Einsteigerschulung für Kinder und Jugendliche

von Silja Schröder

In diesem Band wird eine spiel- und freudbetonte Einsteigerschulung im Kinder- und Jugendbereich unter besonderer Berücksichtigung einer innovativen und abwechselungsreichen Unterrichtsgestaltung dargestellt. Mehr als 50 Übungen werden übersichtlich dargestellt, die beiliegende CD-ROM enthält weiteres Unterrichtsmaterial wie über 30 verschiedene Übungsblätter, ein Surf-Quiz zu jedem Modul, Druckvorlagen für Urkunden sowie eine Präsentation.

DIN A5, 176 Seiten + CD-ROM, ISBN 978-3-7780-0301-5, **Bestell-Nr. 0301**   € 19.90

Steinwasenstraße 6–8 · 73614 Schorndorf
Telefon (07181) 402-125 · Telefax (07181) 402-111
E-Mail: bestellung@hofmann-verlag.de · www.hofmann-verlag.de